上海市社会科学界联合会
上海市哲学社会科学规划办公室

出品

庆祝中国共产党成立100年
专题研究丛书

毛泽东诗词与中国共产党人的精神品格

袁秉达　张大伟◎著

上海人民出版社

庆祝中国共产党成立100年专题研究丛书

编委会

总　序

2021年是中国共产党成立100周年。100年前，旧中国积贫积弱，中华民族面临生死存亡的危难关头。在风雨如磐的岁月里，十月革命一声炮响，给中国送来了马克思列宁主义，中国共产党应运而生。这个开天辟地的大事变，深刻改变了人类历史的走向，中国的面貌为之焕然一新，世界的面貌也为之一变。

100年来，从石库门到天安门，从兴业路到复兴路，中国共产党始终不忘为人民谋幸福的初心，牢记为民族谋复兴的使命，推翻近代以来压在中国人民头上的“三座大山”，成立中华人民共和国，建立社会主义制度，探索中国特色社会主义道路，坚定不移高举改革开放旗帜，中国发生了翻天覆地的变化，迎来了从站起来、富起来到强起来的历史性飞跃。

100年来，在中国共产党正确领导下，中国人民筚路蓝缕，历尽艰辛，栉风沐雨，砥砺奋进，开创了彪炳千秋、永载史册的丰功伟绩。

百年恰是风华正茂。党的十八大以来，以习近平同志为核心的党中央提出一系列新理念、新思想和新战略，出台一系列重大方针政策，推出一系列重大举措，推进一系列重大工作，解决了许多长期想解决而没有解决的难题，办成了许多过去想办而没有办成的大事，推动党和国家事业取得历史性成就、发生历史性变革。

2020年，面对突如其来的新冠肺炎疫情和世界经济衰退带来的严重冲击，在以习近平同志为核心的党中央坚强领导下，我们以举国之力与病魔搏斗，经过艰苦努力，付出巨大牺牲，取得抗疫斗争重大战略成果，成为全球唯一正增长的主要经济体，奋力夺取脱贫攻坚战的全面胜利，中国特色社会主义展现出更加广阔前景。党的十九届五中全会审议通过了《中共中央关于制定国民经济和社会发展第十四个五年规划和二〇三五年远景目标的建议》，擘画新发展蓝图，吹响新征程号角，中国特色社会主义伟大事业迈进崭新的历史阶段。推进伟大事业，实现伟大梦想，绝不是轻轻松松、敲锣打鼓就能实现的。前进道路上，我们面临的风险考验只会越来越复杂，甚至会遇到难以想象的惊涛骇浪。面对百年未有之大变局，面对复杂艰巨的任务和挑战，坚决维护习近平总书记党中央的核心、全党的核心地位，坚决维护党中央权威和集中统一领导，是根本的政治任务、政治纪律和政治规矩，是我们的事业不断取得新胜利的根本保证。

历史是最好的教科书，也是最好的清醒剂。我们站在新的历史起点上，抚今追昔，必须铭记建党百年历程蕴含的深刻启示：只要始终坚持马克思主义的指导地位，坚持把马克思主义基本原理同当代中国实际和时代特点紧密结合起来，坚持在中国改革、发展、稳定具体实践中丰富和发展马克思主义，就一定能够不断把马克思主义中国化推向新境界；只要始终坚持中国共产党的领导地位不动摇，坚持中国特色社会主义道路，坚持扎根中国大地、吸纳人类文明优秀成果、独立自主实现国家发展的战略，就一定能够实现中华民族伟大复兴的梦想；只要始终坚持共产主义、社会主义理想信念不动摇，坚持在斗争实践中不断提高政治判断力、政治领悟力、政治执行力，坚持发挥广大党员干部的先锋模范作用，就一定能够不断推进中国特色社会主义伟大事业迈向新阶段；只要始终坚持人民至上、人民立场和人民主体地位不动摇，坚持全心全意为人民服务的根本宗旨，坚持一切为了人民、一切依靠人民，有效激发广大人民群众积极性、主动性、创造性，就一定能够把人民群众的幸福感、获得感、安全感提升到新水平；只要始终坚持把发展作为党执政兴国的第一要务，坚持统筹推进“五位一体”总体布局，协调推进“四个全面”战略布局，坚持贯彻新发展理念，构建新发展格局，就一定能够不断把全面建设社会主义现代化国家和实现“两个一百年”奋斗目标推上新台阶；只要始终坚持高举改革开放旗帜，坚持把以经济建设为中心作为兴国之要、把四项基本原则作为立国之本、把改革开放作为强国之路，坚持解放思想、解放和发展社会生产力、解放和增强社会活力，勇于推进理论创新、实践创新、制度创新以及其他各方面创新，就一定能够不断把改革开放事业推向新境界；只要始终不渝走和平发展道路，奉行互利共赢的开放战略，加强同各国的友好往来，就一定能够不断把人类和平与发展的崇高事业推向前进，以中国理念、中国智慧、中国方案和中国实践为人类作出更大的贡献。

上海是中国共产党的诞生地，也是建党精神的孕育地。在百年历史的演进和传承中，红色文化基因渗透到这座城市的每一寸土地，成为城市最亮丽的底色和最闪亮的名片。上海同时是我国人文社会科学重镇，学科齐全，学者荟萃，学术底蕴深厚。围绕庆祝中国共产党成立 100 周年的主题，组织发动上海社科界专家学者，立足不同学科背景、学者视角和学术维度，认真回顾和梳理中国共产党百年辉煌历史，深入解读党领导中国革命、建设和改革事业的成功密码，揭示波澜壮阔的历史实践背后深刻的制度逻辑、理论逻辑和现实逻辑，进而助力构建具有中国气派、时代特征、上海特色的哲学社会科学学术话语体系，具有十分重要的理论价值和实践意义。

2017 年，在中共上海市委宣传部指导下，上海市社会科学界联合会、上海市哲学社会科学学术话语体系建设办公室、上海市哲学社会科学规划办公室启动实施“建党 100 周年”系列研究专项。本系列专项坚持“论从史出、史论结合”的研究路径，坚持立足中国实际，以重大问题为导向，以历史研究为支撑，形成具有扎实学理基础的系列研究论著。课题立项后，承担研究任务的复旦大学、华东师范大学、上海社会科学院等上海市相关高校、社科研究机构的专家学者辛勤工作，历时近四年科研攻关，形成了一批既客观准确描述历史，又具有较高学术质量的研究成果。

值此中国共产党百年华诞之际，上海市社会科学界联合会、上海市哲学社会科学学术话语体系建设办公室、上海市哲学社会科学规划办公室从“建党 100 周年”系列研究专项课题中，筛选出有较强理论阐释力，具有实践指导意义、决策参考作用和史料研究价值的成果，与上海人民出版社合作出版“庆祝中国共产党成立100年专题研究丛书”。该套丛书从多学科、宽领域、广视角，在回顾中国共产党百年历史发展与实践基础上，系统总结中国共产党领导全国人民实现国家富强、民族振兴、人民幸福的伟大成就、历史经验，深入揭示建党百年历史蕴藏的理论逻辑和历史规律，前瞻未来。

本系列丛书是上海市理论社科界庆祝中国共产党百年华诞的最新成果，希望在党史学习教育活动中，能够成为广大党员干部学史明理、学史增信、学史崇德、学史力行的重要参考书目。

是为序。

权　衡

目　录

序

本著作《毛泽东诗词与中国共产党人的精神品格》是上海市哲学社会科学规划办公室“建党 100 周年研究系列”立项课题，也是我们长期研究的成果结晶。其最大特色在于以毛泽东诗词为载体，以习近平引用、化用和妙用毛泽东诗词为契机，深入研究和大力弘扬毛泽东诗词蕴含的革命精神和伟大的中国精神，在毛泽东诗词的艺术鉴赏和新时代创造性阐述中，深刻领略实现民族复兴中国梦的精气神。

一

毛泽东是伟大的政治家，也是才华横溢的诗人。毛泽东一生中写了为数众多的诗词，有不少名诗雄词彪炳千秋、脍炙人口。毛泽东是 20 世纪中华民族历经苦难走向辉煌的杰出代表，他的诗词充分展现了以爱国主义为核心的民族精神和慷慨激越的革命精神。毛泽东诗词的文化气象和诗词意境与中国共产党人的精神品格融为一体，激励我们为实现中国梦永远奋斗、不断进取。毛泽东诗词是中国共产党人理想信念的艺术结晶，是中国人民最宝贵的精神食粮。毛泽东诗词凝聚着中国共产党人的政治智慧和宏伟抱负，引领为人民谋幸福、为民族谋复兴、为世界谋大同的伟大实践。毛泽东诗词是毛泽东同志留给全党的珍贵精神遗产，是毛泽东思想的一颗璀璨明珠，是中国人民乃至世界人民喜闻乐见、爱不释手的精神食粮。

毛泽东诗词不仅充分反映了毛泽东本人的心路历程，同时也展示了他所代表的中国共产党人的精神品格。毛泽东诗词是毛泽东思想的文化阐释，通过对毛泽东诗词的鉴赏，往往能领略其思想的精华。毛泽东诗词是历史的生动折射，通过对毛泽东诗词的研究，往往能加深对中共党史和新中国史的真实感知。在以鸦片战争为开端的中国近现代发展历程中，毛泽东通过赋诗作词抒发爱国情怀、革命理想、坚定信念与奋斗目标的精神追求。毛泽东诗词体现了毛泽东的政治理想、精神境界与新民主主义革命时期、社会主义革命和建设时期的历史逻辑、实践逻辑、理论逻辑和时代逻辑的内在联系。毛泽东诗词蕴含的价值取向，对倡导社会主义核心价值观建设有着重大意义；毛泽东诗词体现的革命情怀，对新时代坚持和发展中国特色社会主义、创造中国人民幸福美好生活有重大激励意义。

二

毛泽东诗词是中国革命和现代化建设的伟大史诗，其创作、发表和研究过程，艺术地再现了百年大党的精神风采。1936 年 1 月，在陕北瓦窑堡编印成集的《风尘集》是毛泽东编印的第一本毛泽东诗词集，收入诗词的篇数为 17 首，“印数极少，只送给亲密朋友”①。毛泽东第一首公开发表的诗作为《七律·长征》，刊登于 1937 年 3 月北平进步青年编译出版的《外国记者西北印象记》。这首诗因为斯诺在《红星照耀中国》（又译《西行漫记》）一书的公开引用而在国外引起注意。在 1945 年重庆谈判期间，《沁园春·雪》首次在《新民报》上发表，随即被《大公报》转载。这首大气磅礴的咏雪词和随之而来的国共两党思想文化战线上的“围剿”和反“围剿”的斗争，也使得毛泽东诗名在一夜之间几乎国人皆知。新中国成立之后，伴随毛泽东诗词的公开出版，我国诗学界研究毛泽东诗词进入新阶段。1957 年，臧克家主编的《诗刊》创刊号公开发表了 18 首毛泽东诗词和毛泽东对《诗刊》的亲笔回信。随着一批又一批毛泽东诗词的公开发表和出版，中国诗学界出现了对毛泽东诗词进行注释和初步阐释的热潮。随后，全国、省级乃至市、县级“毛泽东诗词研究会”也相继成立。毛泽东诗词的国际学术研讨会、全国性学术年会，以及多种形式的中小型学术座谈会纷纷举办，大力推进毛泽东诗词研究走向深入。

随着时间的推移，人们对于毛泽东诗词的评价日趋提升。法国学者说毛泽

① 吴正裕：《〈风尘集〉是毛泽东编印的第一本毛泽东诗词集》，《党的文献》2014 年第 2 期。

东是“东方诗神”，日本学者说毛泽东是“地球上的巨人”，国内学者说“毛泽东是一位世界性的伟大诗人”。著名诗人贺敬之认为，真正伟大的诗人，真正伟大的艺术作品，从来不会因为岁月的流逝而消减其价值；相反，作者的人格精神和作品的思想艺术魅力，总是会汇聚到整个民族永恒的精神河流当中。毛泽东诗词和他的理论文章一样，闪烁着睿智的光芒，是中华优秀传统文化在当代中国的一次集中展现。

中国特色社会主义进入新时代以来，习近平在多种场合高频率引用毛泽东诗词，以诗化的语言和意象，深刻阐发了坚守和共建中华民族精神家园的战略意义，实现中国梦的精神价值。受此影响，学者们有关毛泽东诗词的思考和研究逐渐引向深入，呈现新的气象。这在中国共产党即将迎来百年华诞的特定历史阶段，尤其显得意义重大。

从习近平引用毛泽东诗词入手研究毛泽东诗词的时代特征、精神意象和当代价值，是我国新时代毛泽东诗词研究新的着力点和出彩点。当前，我们可从四个维度来深入研究习近平引用、化用、妙用毛泽东诗词的精神意象。首先，从毛泽东对中华诗词深切感悟的“诗言志”入手，叙其志、明其志、继其志，志存高远，不忘初心、牢记使命；其次，深入探究毛泽东的个人梦、青春梦、家国梦、民族梦、人民梦、世界梦的内在联系和高度统一，齐心协力共圆中国梦；第三，从毛泽东诗词立足人民、造福人民、服务人民入手，在亲民、爱民、为民、利民、惠民的追求中创造人民的幸福美好生活；第四，深入探究毛泽东诗词中的民族精神和时代精神，我们必须高举旗帜、坚定信念把毛泽东诗词的精神意象转化为实现第二个百年奋斗目标的精神动力和实践成果。

三

长期以来，国内外诗学界毛泽东诗词研究人才荟萃、成果丰硕，绵延不绝、蔚为壮观。有不少研究成果已经涉及毛泽东哲学思想、中共党史、中华民族伟大复兴、党性修养等内容，但是，把毛泽东诗词与中国共产党人的精神品格整合在一起研究的成果仍然较少。我们的研究另辟蹊径，紧扣毛泽东诗词与中国共产党人的精神品格的内在联系和辩证关系，以毛泽东诗词为主线，辅以习近平引用毛泽东诗词的副线，融通党史、新中国史、改革开放史和社会主义发展史。一方面，以诗词串联方式，梳理历史主线；另一方面，从革命精神、建设风貌到改革激情，从毛泽东诗词到习近平引用、从毛泽东本人的心路历程到中国共产党人的精神追求，进行穿越时空的比较研究，得出“毛泽东诗词是中国共产党人精神品格生动折射”的基本结论，其对于加强党的理想信念教育、规范党内政治生活、推进新时期党的建设伟大工程，都具有一定的现实意义。

本著作对毛泽东诗词与中国共产党精神品格的整体性研究，主要包括：从中华民族伟大复兴宏伟目标的研究视角，指出毛泽东在不同时期的诗词创作体现出对国家独立、民族解放的执着追求，以及对社会主义建设、富民强国的雄心壮志，特别是其中的忧患意识和时不我待的情怀，值得一代代共产党人前赴后继、继承发展；从中共党史发展历程的视角，指出不论是新民主主义革命时期，还是社会主义革命和建设时期，毛泽东诗词的创作都充分体现共产党人、人民军队和各族人民大无畏的革命精神，越是在逆境和困境中越彰显雄浑激越，这对于新时期共产党人克服精神懈怠的危险特别具有借鉴意义；从马克思主义中国化的研究视角，阐明毛泽东诗词充分体现了毛泽东思想活的灵魂是实事求是、群众路线、独立自主，使中国共产党人掌握了改造客观世界和主观世界的有力武器。

本著作作为上海市课题研究的阶段性成果曾经在报刊媒体发表，受到读者的广泛好评，有的文章在新媒体网站上单篇点击率就高达 150 多万人次。前期发表于权威刊物或核心报刊的文章主要包括：《从毛泽东诗词看中国共产党人的革命乐观主义精神》《坚守中国共产党人的精神家园——评习近平引用频率最高的三句毛泽东诗词》《毛泽东诗词彰显中国共产党人的革命精神——以习近平引用毛泽东诗词为例》《习近平总书记引用毛泽东诗词的多维研究》《绿水青山：诗意话语蕴含深邃生态文明思想》《“两可”到“两敢”彰显什么中国精神》《敢于有梦、勇于追梦、勤于圆梦》《“三个诗句”传递智慧与定力》等。

这些成果的发表，为本著作的研究打下了坚实的基础。

总之，毛泽东诗词是中国共产党党史的缩影，是党的奋斗精神的凝练和理想信念的艺术升华。学习和研究毛泽东诗词有利于共建中国共产党人的精神家园，增强共圆中国梦的精神力量。

绪　论　毛泽东诗词研究的时代背景与发展趋势

毛泽东是伟大的马克思主义者，伟大的革命家、战略家、理论家。在极端艰苦的革命生涯和日理万机的社会主义建设中，他仍潜心进行诗词创作。虽然所创作的诗词总体数量并不多，而且在时间分布上也不均衡，但是其中很多作品大气磅礴、脍炙人口，堪称近代诗词史乃至中国诗词史上的璀璨明珠。学者们对毛泽东诗词的研究早在革命战争年代就已经开始，几十年来受时代潮流和政治环境的影响，走过了曲折的发展历程。在党的百年诞辰来临之际，梳理毛泽东诗词研究的发展历程和发展趋势，对于全党树立文化自信具有重大现实意义。

第一节　毛泽东诗词研究的深刻背景与历史进程

毛泽东诗词研究与毛泽东诗词的发表与结集出版相辅相成、互相促进。从研究分期来看，毛泽东诗词研究可以大致分为革命战争年代、社会主义建设时期、“文化大革命”时期和改革开放新时期四个阶段。

一、革命战争年代毛泽东诗词的发表与传播带来巨大轰动效应

毛泽东创作诗词的时间很早，可以追溯到其童年在故乡韶山、青年在长沙时期，但其中有很多诗词除了少数人之外一直不为人知晓。毛泽东诗词的结集和公开发表的时间则相对较晚。毛泽东第一首公开发表的词作是《清平乐·六盘山》，发表在 1941 年在上海出版的《奔流新集之二·横眉》上，后者是抗日战争期间上海“孤岛时期”由革命文艺工作者主办的一份文学刊物。这充分说

明《清平乐・六盘山》这首词早已广泛流传，也展示了它的最初形态。

1945 年《沁园春・雪》发表后，国民党蒋介石当局组织陈布雷等一批御用文人对这首词进行了围攻和诋毁，他们的和词与文章极尽污蔑之能事，贬损毛泽东所代表的共产党人和革命武装。此外，易君左等人从所谓“自由主义知识分子”的立场出发，也对毛泽东诗词发表了一些不合时宜的偏见和评论。面对国民党御用文人的围攻和不明真相知识分子的误解，共产党人和革命进步的文化人士与之进行了针锋相对的斗争。郭沫若打响了论战的第一枪，柳亚子、邓拓等人也纷纷以和词的方式参与论战，时在山东根据地的陈毅则一气填了三首和词驳斥国民党御用文人的谬论。这场论战加速了毛泽东诗词的传播，出人意料地产生了更大效应。

随着这首咏雪词的发表与论战，对毛泽东诗词的最早研究也随之展开。虽然这一时期时间不长，但思想文化战线上的这场斗争，给人们留下了深深的印记。第一批研究成果是 1945 年发表的《“毛词”溯源》和《毛词解》，这两篇文章刊登于当年 12 月 29 日重庆出版的《客观》周刊第 8 期，分别对毛泽东诗词版本来源进行简单梳理并对其词义进行初步阐释，是当时思想文化战线斗争的产物。其中《“毛词”溯源》作者是黄苗子，全文有 1 300 余字；《毛词解》作者为聂绀弩，全文有 2 200 余字。很长时期以来，有观点认为新中国成立以前对毛泽东诗词研究的深度文章极少，这是不准确的。蒋锡金堪称是毛泽东诗词的最早解说者，他撰写了两篇研究毛泽东诗词的专论。其中一篇题为《咏雪词话》，是解说毛泽东《沁园春・雪》的，发表在苏北解放区中心淮阴出版的《新华日报》(1946 年 3 月 14 日）上，有 3 000 余字。另一篇题为《毛主席诗词四首臆释》，对《七律・长征》等早期诗词进行阐释，发表在东北解放区重要城市佳木斯出版的《知识》杂志（1948 年 7 月 1 日）上，约 6 000 字。

二、新中国成立后毛泽东诗词结集出版与初步研究

新中国成立之后，伴随毛泽东诗词的结集出版，我国诗学界研究毛泽东诗词进入新阶段。1957 年，臧克家主编的《诗刊》创刊号公开发表了 18 首毛泽

东诗词和毛泽东对《诗刊》的亲笔回信。毛泽东在信中谦逊地写道："这些东西，我历来不愿意正式发表。"他担心这种旧体诗体裁会贻误青年，并认为自己的创作诗味不多，没有什么特色。这是国内首次公开发表毛泽东诗词，当时曾出现了人民群众排队购买《诗刊》的场面，成为那年春节前的街头盛景和文坛佳话。这期《诗刊》后来又加印了两次，才满足了读者的要求。1958 年，人民文学出版社第一次出版了《毛泽东诗词十九首》（线装版）。1962 年，为了纪念"延安文艺座谈会上的讲话"发表 20 周年，《人民文学》杂志集中发表毛泽东 1929 年到 1931 年间在中央苏区创作的《采桑子·重阳》《如梦令·元旦》《减字木兰花·广昌路上》等 6 首"在马背上哼成的"旧体词。1967 年，人民文学出版社又出版了《毛泽东诗词三十九首》，再次产生强烈的社会反响。

随着一批新毛泽东诗词的公开发表和出版，中国诗学界出现了对毛泽东诗词进行注释和初步阐释的热潮。臧克家、周振甫、郭沫若是这一时期比较突出的代表，他们从分首研究入手，着力于分析政治思想、介绍时代背景和阐释诗句出处。臧克家自 1956 年撰写《雪天读毛主席的咏雪词》之后，于 1957 年与周振甫合著，出版了全国第一本讲解注释毛泽东诗词的读本——《毛主席诗词十八首讲解》。这本书 1958 年改名为《毛主席诗词讲解》，1990 年再次改名为《毛泽东诗词讲解》。全书收入了毛泽东诗词 50 首，累计发行 120 多万册，对于普及、传播毛泽东诗词起到了非凡的巨大作用，后被人们普遍誉为毛泽东诗词研究的"开路先锋"。

郭沫若在现代诗人中堪称与毛泽东相交最久、相知甚深，曾与之有过五次诗词唱和，引起毛泽东创作出《七律·和郭沫若同志》《满江红·和郭沫若同志》等著名诗作。因此，他在 20 世纪六七十年代曾被誉为"毛泽东诗词的第一解诗人"。郭沫若十分推崇毛泽东诗词，对毛泽东诗词曾潜心研究、揣摩。据专家统计，他一生撰写毛泽东诗词的解读文章达 20 余篇。由于其特殊的政治地位，郭沫若的解诗往往不是一般意义的诗歌赏析，而是用浅显易懂的语言传达某种重大的政治动向和信号。毛泽东对郭沫若的解诗之举也相当重视，留下了相互补充完善的佳话。比如，郭沫若在 1962 年写《喜读毛主席的〈词六首〉》时，涉及《忆秦娥·娄山关》创作地点的阐释，毛泽东在审阅后认为不够准确，就亲自提笔以郭沫若的口吻进行修改，内容竟有近千字之多。

三、“文化大革命”期间毛泽东诗词的空前传播和庸俗化研究倾向

“文化大革命”十年，成为毛泽东诗词编印、出版、发行量最大的时期。“文革”开始后，毛泽东诗词传播和研究的盛况，可谓空前绝后。毛泽东诗词一如毛泽东的其他著作，以天文数字广为印行。它还借助音乐、谱曲等形式广为传播，作曲家李劫夫为此作出了巨大贡献。此外，它还以文艺演出、手迹、手抄本、大字报、语录牌、宣传画、邮票、像章、烟标等广泛宣传。甚至，毛泽东诗词还曾作为“最高指示”传达党中央的政治动向。

在“文化大革命”期间，毛泽东诗词的解读和阐释具有浓厚的政治实用主义特征。红卫兵和造反派组织从毛泽东诗词中选用片言只语作为组织名称，数量为最。当时各省、市、自治区革命委员会成立时，“两报一刊”社论以及向毛主席的致敬电，大多引用毛泽东诗词作标题，如“战士指看南粤，更加郁郁葱葱——热烈欢呼广东省革命委员会成立”“芙蓉国里尽朝晖——热烈欢呼湖南省革命委员会成立”“风景这边独好——热烈欢呼江西省革命委员会成立”等。在当时最流行的“红宝书”的附录中，就有“遇到问题从毛主席诗词中找答案”的具体内容。如，不知道如何区分“两种不同性质的矛盾”，就多读一读毛泽东的诗句“僧为愚氓犹可训，妖为鬼蜮必成灾”；在“帝、修、反”猖獗时无所适从，就多想一想毛泽东诗句“小小寰球，有几个苍蝇碰壁。嗡嗡叫，几声凄厉，几声抽泣”，等等。“文化大革命”过分强化了毛泽东诗词的政治影响和社会功能，其审美情趣和文化品位则被大大降低。

为了让人们更好地学习毛泽东诗词，“革委会”“战斗队”等各种造反派组织编写、编印了各种毛泽东诗词合订本、注解本。编者的文化水平普遍较低，注解时常常主观臆断、洋相百出。比如：《沁园春·长沙》中的“挥斥方遒”，被解释为“正向旧社会猛烈开火”；《菩萨蛮·黄鹤楼》中的“沉沉一线穿南北”，被解释成“南北军阀互相勾结，串通一气，组织反革命战线”等。由于“左”的错误思潮的影响，对于毛泽东诗词的研究存在严重庸俗化的倾向，这

些罔顾文学常识和基本历史事实的曲解和误读，曾产生不良的社会后果。

四、改革开放以来毛泽东诗词研究不断发展与深化

1978 年十一届三中全会以后，随着“拨乱反正”的深入开展，人们对毛泽东诗词的认识由过去单纯的政治解读转向综合性的欣赏，学者的研究也开始变得比较客观和理性，一批新的科研成果初步涌现。在国内外毛泽东诗词研究史上，1994 年注定是具有里程碑意义的一年。该年 12 月 26 日，国家级研究会“中国毛泽东诗词研究会”在北京成立；随后不久，江西、湖南、湖北、黑龙江、山东等省级乃至市、县级“毛泽东诗词研究会”相继成立。迄今为止，“中国毛泽东诗词研究会”共召开了 18 届全国性学术年会，3 届国际学术研讨会（地点分别在北京、南京、井冈山）以及多次中小型学术座谈会。1996 年，由中央文献研究室主编的《毛泽东诗词集》由中央文献出版社出版。该书共收入毛泽东诗词 67 首（含正、副编），是目前最权威的毛泽东诗词版本，为研究者提供了更多的诗词原作。

20 世纪 90 年代以来，毛泽东诗词研究繁荣兴旺，出版了数十本研究著作。其主要成果集中体现在：第一，侧重于毛泽东诗词的鉴赏，其中以臧克家主编的《毛泽东诗词鉴赏》和公木的同名著作为代表，季世昌编著的《毛泽东诗词鉴赏大全》和吴正裕的《毛泽东诗词鉴赏全编》也搜集了丰富的材料；第二，侧重于毛泽东对中国古典诗词和传统文化的继承发展，如张贻久编著的《毛泽东评点圈阅的中国古典诗词》、毕桂发主编的《毛泽东批阅古典诗词曲赋全编》、吴直雄的《毛泽东妙用诗词》、蔡清富的《毛泽东与中国古今诗人》等著作；第三，侧重于对毛泽东诗词的历史审视，如马连礼主编的《毛泽东诗词史诗论》、萧永义的《毛泽东诗词史话》、陈东林的《毛泽东诗史》等。

进入新世纪以来，对于毛泽东诗词的美学研究异军突起，有李人凡的《鲲鹏之路——毛泽东诗词美学发展论纲》、马连礼主编的《毛泽东诗词美学论》、刘汉民的《毛泽东诗词十美》等论著。在诗化的文史哲方面，张育仁的《鲲鹏之梦——毛泽东诗化哲学评传》进行了有益的探索；陈晋的《独领风骚：毛泽

东心路解读》以年代为序，以历史变革为线，将毛泽东诗词的文学魅力展现出来，文字优美飘逸，笔触酣畅淋漓；朱向前的《诗史合一：毛泽东诗词的另一种解读》以讲座的形式为题，曾在各大高校和科研院所讲解了100多场，收到强烈反响；陈安吉的《毛泽东诗词版本丛谈》是我国第一部研究毛诗版本的学术专著。

五、新时代以来毛泽东诗词研究的升华与创新

党的十八大以来，伴随着党带领全国人民积极推进"决胜全面建成小康社会"和"全面建成社会主义现代化强国"的"两个一百年"宏伟目标的历史进程，毛泽东诗词研究再起高潮。近年来，全国和地方毛泽东诗词研究会纷纷举办了"毛泽东诗词与中国梦""毛泽东诗词与党的精神谱系""毛泽东诗词与党的精神家园""毛泽东诗词和文化自信"等学术研讨会，大力将毛泽东诗词研究引向深入。特别是习近平几十次引用和化用毛泽东诗词，成为人们高度关注的热门话题，由此出现了一批诗词爱好者和毛泽东诗词研究专家，以及深入研究习近平引用毛泽东诗词的新气象。

党的十八大以来，中国毛泽东诗词研究会以纪念毛泽东诞辰为契机，研讨主题逐步趋向于深入研究"毛泽东诗词与实现民族复兴中国梦""毛泽东诗词与文化自信与时代精神""习近平引用和化用毛泽东诗词的深刻意蕴和重大意义"等新课题。其主要内容和显著特点是：第一，展开"毛泽东诗词和中华古典诗词的文化历史渊源及深远影响"的探讨，研究毛泽东诗词"见证民族新的时代精神的诞生"，为建设社会主义现代化强国提供精神和思想的支柱。通过收集编辑出版《毛泽东诗论集》、拍摄完成大型文献纪录片《指点江山——毛泽东诗词故事》（共10集），在毛泽东诗词影视宣传方面取得新的进步。第二，研讨"毛泽东诗词与中国梦"，论证毛泽东诗词体现的中国精神、中国力量和中国智慧，并在北京大学等高校开设"毛泽东诗词与中华民族精神"系列讲座等。第三，探讨"毛泽东诗词与党的精神谱系"，结合学习习近平有关文化问题的重要论述，就"毛泽东诗词的文化自信和美学意蕴""毛泽东诗词与文化

的历史和逻辑关系”入手，提出毛泽东诗词在坚定理想信念、以人民为中心、中华美学精神等方面的时代启示。第四，重点研究“习近平引用和化用毛泽东诗词”的精神意象和重大意义。学习习近平关于“学诗可以情飞扬、志高昂、人灵秀”的重要论述，把握习近平引用毛泽东诗词的基本点，从时代高度、顺应社会需求、满足人民意愿和体现治国理政的责任担当方面弘扬民族复兴的中国精神，引领我们共圆中国梦。理论界出现了一批研究论著和讲座，充分探讨毛泽东诗词与中国精神、中国力量、中国气派等的辩证关系，体现出独到的视角。如汪建新的《毛泽东诗传》和电视系列片《毛泽东的诗人情怀》《跟习近平学妙用毛泽东诗词》，廖有明的《习近平引用毛泽东诗词解读》《习近平讲话中的“毛泽东诗词”》，袁秉达的《毛泽东诗词彰显中国共产党人的革命精神——以习近平引用毛泽东诗词为例》《习近平总书记引用毛泽东诗词的多维研究》，董晓彤的《从习近平引用的毛泽东诗词看文化自信》等等。

近年来，各地研究和宣传毛泽东诗词进一步呈现灵活多样、生动活泼的景象，如开启“寻访长征中的毛泽东诗词诞生地”大型采访报道活动、“寻访毛泽东诗词中的中国精神”的专家访谈、毛泽东诗词党课等等。

第二节 毛泽东诗词研究的基本内容与核心观点

改革开放以来，特别是中国毛泽东诗词研究会成立以来，有关毛泽东诗词研究的论著呈井喷般迅速增长。梳理相关的代表性论著，可以分为政治思想层面、文学艺术层面、历史哲学层面、精神层面的研究等基本类别。

一、政治思想层面的研究

学者普遍认为，毛泽东在诗词中有政治家、思想家、军事家、文章家等多种角色，但是他首先是一名坚定的马克思主义者，卓越的无产阶级革命家，他的政治身份是第一位的。他的诗词首先反映了他的政治信仰，以共产主义理想开辟新境界[①]。这对于当前全国人民实现民族复兴的中国梦具有深远的政治意义。甚至有学者认为毛泽东诗词是“诗意化的政治隐喻”，具有独特的思想政治教育功能，是独具魅力的高级统战形式。[②]

（一）毛泽东诗词是时代精神的高度浓缩

汪建新认为，从毛泽东诗词可以感悟到中国共产党人的初心，作者在吟哦唱和之间讲述中国故事，传播中国声音，阐明中国立场。[③]他认为，毛泽东诗词是其为人民“抒写”“抒情”“抒怀”的光辉典范，是中华民族复兴之路的壮美写照，是激发中国力量的不竭动力，是提升人生境界的鲜活教材。[④]张晓亮认为，毛泽东诗词是诗，是哲学，是一种蕴含马克思主义科学精神与理论色彩的政治文本。毛泽东诗词是新民主主义革命与社会主义建设实践的产物，代表了毛泽东等老一辈革命家在不同历史时期的实践探索和思想认识。[⑤]他认为毛泽东抗战时期诗词是其抗日民族统一战线思想的诗化表达，全面联合是救亡图存的唯一道路。[⑥]李秋菊认为，毛泽东通过诗词凝练而形象地表达了他对国民劣性深层社会文化原因的探寻和国民性改造的方略。[⑦]

学者认为，毛泽东诗词记录了中国人民在长达半个多世纪里前赴后继的奋斗足迹，展现了一幅又一幅艰苦卓绝而又波澜壮阔的历史画卷，塑造了排山倒海奋勇直前的工农兵群像，寄托了诗人强烈而深厚的爱国情怀和历史情感。陈晋认为，毛泽东诗词是不同时代精神的高度浓缩，按照题材和诗境可以分为四个时期：以励志感奋和忧国伤时为题材的“青春诗”、以革命和战争为题材的

① 丁毅：《毛泽东诗词创作与中国梦》，《毛诗论坛》2015 年 12 月 16 日。

② 彭自成：《诗意化的政治隐喻——论毛泽东革命诗词的政治审美价值》，《理论月刊》2006 年第 10 期。

③ 汪建新：《从毛泽东诗词感悟中国共产党人的初心》，《中国纪检监察报》2017 年 12 月 25 日；汪建新：《毛泽东诗词与中国故事》，《学习时报》2018 年 2 月 2 日。

④ 汪建新：《毛泽东诗词的时代价值和现实意义》，《红旗文稿》2015 年第 24 期。

⑤ 张晓亮：《毛泽东诗词政治论》，《中国石油大学胜利学院学报》2013 年第 4 期。

⑥ 张晓亮：《毛泽东抗日民族统一战线思想的诗化表达》，《中共云南省委党校学报》2015 年第 5 期。

⑦ 李秋菊：《从毛泽东诗词透析其国民性批判》，《湘潭大学学报》2012 年第 3 期。

“马背诗”、以开国和建设为题材的“赞颂诗”、以国内和国际政治形势为题材的“突围诗”。他认为，毛泽东从1927年发动秋收起义到1934年跟随红军长征离开苏区的七年间写了11首词，再加上他1965年重上井冈山创作的2首诗词，可以用“破围”“开辟”这两个词来概括。他认为这一历史主题逐渐延伸为美学主题，沉淀为推进革命和建设事业的一种文化气象。①王传飞认为通读毛泽东军旅诗词，不管是标题还是具体内容，其中涉及的山川、地名特别多，把这些地点连线，我们就会基本明晰中国共产党独立领导的新民主主义革命及其军事斗争的大概历程。吴直雄集中分析毛泽东早年在井冈山根据地和赣南闽西根据地时期的诗词，认为这时期创作成功原因是展现了他坚忍不拔、不屈不挠、大无畏的革命英雄主义，展现了不唯上、不唯本本，实事求是的反教条主义精神，并能将马克思主义中国化，对中国革命始终充满必胜的坚定信念。②丁毅解读毛泽东在新中国成立后所作诗词，认为作者实现了从军事家诗人到政治家诗人的转变，创作主体所面临的环境有所变化，创作主体心态也随之发生了重大变化。他认为毛泽东作为开国领袖，其坚定理念是建成一个伟大的社会主义国家，当他认为所从事的活动体现了这种理念时，则有诗情产生；1958年之后明显过多地偏向浪漫主义，多用比兴，采用七律诗的艺术形式超过了词。③

（二）井冈山精神彰显共产党人的政治本色

对于单篇诗词思想内容的评价，学者们较多聚焦井冈山时期。王潘认为，毛泽东公开发表的六十多首诗词中，描绘过武夷山、六盘山、巫山、韶山、庐山等众多名山，为井冈山而作竟达三首。他认为毛泽东走过瑞金、遵义、延安、西柏坡等这些值得纪念的地方，新中国成立之后均从未重返驻足，1965年却重新登上了井冈山。井冈山道路是发展中国革命的新路，毛泽东把井冈山精

① 陈晋：《破围与开辟：从历史主题、美学主题到精神意象——毛泽东井冈山和中央革命根据地时期诗词》，《党的文献》2007年第6期。

② 吴直雄：《活用马列坚信念　逆境赋诗显精神——论毛泽东在井冈山和中央革命根据地时期的诗词创作》，《南昌大学学报（人文社会科学版）》2008年第2期。

③ 丁毅：《探索者的心灵世界——解读新中国成立后的毛泽东诗词》，《党的文献》2010年第2期。

神解释为“艰苦奋斗”，强调艰苦奋斗是我党的本色，是中国继续发展的保证。①汪建新认为，毛泽东一而再、再而三地吟咏井冈山，足见井冈山在毛泽东心目中的分量之重、感悟之深、情结之浓。他认为《西江月·井冈山》不以“黄洋界”为题而舍小取大以“井冈山”为题，是因为它不是简单地退敌成功，而是保卫了井冈山，保卫了根据地，捍卫了毛泽东苦苦探索的“农村包围城市”的中国特色革命道路。②杨景春提出，毛泽东1958年以后作品大约有25首，占全部诗词的三分之一。考察这些诗词，许多写得特别精彩、特别形象，同时蕴含着强烈的孤独意识。发表于1976年元旦的《念奴娇·鸟儿问答》和《水调歌头·重上井冈山》无疑是毛泽东以诗人姿态的最后亮相。对这两首词，人们大多注意昂扬与进取的勃勃生机和豪迈胸怀。随着时间的推移现在来研读二词，发现其中实实在在是充满孤独和苦涩，是悲壮的昭示，痛苦的宣言，带血的歌吟，有点政治交代的意味。③

此外，陈蓉提到毛泽东生前未能发表的《西江月·秋收起义》（创作于1927年9月）这首词，认为它虽然从文学艺术角度看算不得精品之作，但从历史学角度具有分水岭的意义和重要价值。她认为这种价值是由秋收起义这一历史事件在党史上的重要地位所决定的，也是毛泽东奋斗人生的一个重大转折。④张劲从《忆秦娥·娄山关》的发表及郭沫若对该词的解释入手，指出这是毛泽东在重新获得军事指挥权以来的得意之作，也是对第五次反“围剿”和长征以来红军在连续遭受挫折后第一次巨大胜利的抒怀。⑤

（三）习近平引用“毛泽东诗词”具有深刻寓意

党的十八大以来，习近平多次引用毛泽东诗句，引起学者的广泛注意，大

① 王潘、吴业亮、杨光云：《井冈诗词解析毛泽东的中国革命之路》，《长江大学学报（社会科学版）》2012年第4期。

② 汪建新：《从诗词看毛泽东的井冈情结》，《中国井冈山干部学院学报》2012年第2期。

③ 杨景春：《孤独的拾穗者：毛泽东晚年及诗词印象》，《河北工程大学学报（社会科学版）》2007年第1期。

④ 陈蓉：《毛泽东的第一首军旅诗词》，《党史文苑》2017年第2期。

⑤ 张劲：《诗词中的历史——以〈忆秦娥·娄山关〉为例》，《中共贵州省委党校学报》2014年第2期。

家普遍认为这绝不是偶然的现象。毛泽东诗词是毛泽东思想的瑰宝，蕴含中国共产党创造的红色文化基因，是伟大中国精神的艺术再现。在实现民族复兴中国梦的历史进程中，习近平多次巧妙引用，生动形象地展现了毛泽东一贯倡导的精气神。在新时代实现中国梦的新征程中，我们党以自我革命引领和推进伟大的社会革命，依然需要毛泽东诗化的革命精神的激励和理想信念的感召。①廖有明分析习近平讲话中的“毛泽东诗词”，揭示其深刻寓意，认为他以“指点江山，激扬文字”表达青年毛泽东救亡图存的雄心壮志，以“雄关漫道真如铁”反映革命和建设事业的艰难曲折，以“人间正道是沧桑”揭示人类历史的发展规律，以“风景这边独好”来点赞改革开放事业的勃勃生机，以“不到长城非好汉”激励全党全国人民为民族复兴不懈奋斗，以“乱云飞渡仍从容”比喻中国共产党在各种风险和挑战面前的从容和自信。②

二、文学艺术层面的研究

（一）对传统文化的批判和继承

学者对毛泽东诗词批判继承传统文化的利弊得失进行了深入分析。华玉振认为，毛泽东诗词对中国传统文化的批判，体现在对传统文化的超越，对传统社会秩序的蔑视；对中国传统文化的继承，体现在物我合一的世界观，一分为二的方法论，中国气派的文化载体观。毛泽东诗词对中国传统文化的重构与矛盾、错误和偏执，体现在过分强调革命和运动的思维及行为方式，对传统文化的态度过于急迫、片面和绝对化、简单化，过于注重精神文化的作用，等等。③

有些学者着重分析了毛泽东诗词对中国古代典故和民歌的借鉴传承。胡志远、赵媛媛认为，毛泽东诗词继承中国古典诗词的优秀传统，诗体呈现多样

① 袁秉达：《习近平妙用毛泽东诗词彰显中国共产党人的精神品格》，《毛泽东思想邓小平理论研究》2018 年第 8 期。

② 廖有明：《习近平讲话中的“毛泽东诗词”》，《党史文苑》2016 年第 1 期。

③ 华玉振：《毛泽东诗词对 20 世纪中国文化转型的表达》，《徐州工程学院学报（社会科学版）》2016 年第 6 期。

化，运用了大量典故和神话传说，语言精炼典雅，注重格律，讲究平仄，体现了民族特色。毛泽东诗词内容上表现革命时代的战争生活与和平时期的建设画面；在语言方面使用大众化的语言，通俗易懂；向民歌学习，吸收民歌成分融入诗词。①毛泽东诗词中深厚的传统文化底蕴对当代中国文艺创作特别是对诗歌创作具有指导意义。董学文认为，从内容和形式方面看，旧体诗词能否有所突破、“新体诗歌”能否得以确立，毛泽东诗词给我们的最大启示在于新的时代内涵同旧的艺术形式之间如何实现协调一致；另一个启示是，旧体诗词要有所突破，“新体诗歌”若能建立，还需要有艺术形式上的改进，铸造出一种源于旧体而又异于旧体的新体式。毛泽东给未来“新体诗歌”开的药方，第一条是民歌，第二条是古典，结果产生一个新诗。②

有些学者把毛泽东诗词与中国诗词史上重要的作者和作品进行对比，探讨他的继承性与超越性。董正春把毛泽东诗词和我国最早一部诗歌总集《诗经》的毛诗注解进行对比，认为毛泽东充分肯定、提倡和实践了《诗经》所开创的赋、比、兴传统。冯伦把毛泽东诗词和曹操《乐府诗》进行对比，认为毛泽东诗词在数量上是曹操《乐府诗》的三倍，两者的共同点是：都对自己的军事生活以及征戍情形有较具体的记述；都表达对人才的渴望，甚至达到如饥似渴的地步；都留下登高必赋的华章。③邓小琴认为，毛泽东诗词的“不平则鸣、穷而后工”体现了中国诗学中以司马迁、屈原“发愤著书抒情”为原型的“喷情释愤”内在式心理诉求。他把革命低潮、个人际遇、遥远曙光外化成壮采华章。晋朝的陆机在《文赋》提出“诗缘情而绮靡”，抒发了诗词表达个人情趣的创作观点。毛泽东的早期和后期诗词均有相当篇什表现出他鲜活人性中的婉约侧面。④罗浩波认为毛泽东诗词是志士与雅士的非凡组合，毛泽东把现代职业革命

① 胡志远、赵媛媛：《毛泽东诗词中的传统文化底蕴和鲜明的时代特色》，《四川理工学院学报（社会科学版）》2011 年第 4 期。

② 董学文：《毛泽东诗词对中国诗歌发展的启示》，《党的文献》2013 年第 2 期。

③ 冯伦：《曹操〈乐府诗〉与毛泽东诗词之比较》，《宁德师专学报》2005 年第 4 期。

④ 邓小琴：《试论毛泽东诗词的主体动因及其文化意义》，《中共福建省委党校学报》2008 年第 6 期。

家和古典旧体诗人合于一身，将政坛领袖和旷世文人融于一体。志士和雅士，本是两种完全不同的气质追求，前者需要沉实坚定，后者需要浪漫洒脱。在中国文学史上，从屈原到李白、杜甫、苏轼、辛弃疾都在努力寻找二者的契合点，但似乎只有毛泽东找到了最充分的平衡。①

有的学者深入探讨了毛泽东诗词与地方文化的渊源。罗昌智认为毛泽东诗词在人文意识、审美情趣、艺术风格上都与荆楚文化建立起自觉的内在联系，集中体现在豪放雄强的气势、超越自然的品格、崇尚自然的情趣和典雅浪漫的文笔。②毛代胜认为毛泽东诗词和湖湘文化尤其是韶山乡土文化结下了不解之缘。毛泽东公开发表的涉及湖南的诗词，除了《七律·到韶山》之外，还有很多。它们虽然写于不同时代，但都尽情歌颂了湖南精神。湖湘文化的特点是强调各种学说兼收并蓄，提倡自强不息的进取精神和经世致用的务实作风；鼓吹治国治邦、济世安民之道，高扬爱国主义旗帜。其中最为突出的是强烈的爱国主义奋斗精神。这一精神如同一根红线贯穿于毛泽东诗词的始终。③蒋培君、周甲辰认为毛泽东诗词有霸蛮风格，“霸蛮”可以概括为“刚毅果敢，坚忍不拔”“不怕鬼，不信邪”“打落牙，和血吞”等。晚清以来曾国藩、左宗棠、蔡锷、谭嗣同等将其进一步发扬光大，产生深远影响。毛泽东青少年时期深受湖湘文化的影响，十分敬仰这些人物，其诗词的霸蛮风格体现在“霸王气概”“骡子脾气”“石头节操”和“辣椒性情”。④

（二）诗词创作艺术的研究

学者从不同角度对毛泽东诗词创作进行分期。江建高认为，毛泽东诗词主要集中在1927年到1936年、1961年至1965年两个高潮（简称前、后期），其高峰又分别在1935年和1961年，两次创作高潮成就了大诗人毛泽东。相反，转战延安和新中国成立头十年却创作甚少。前后两期的对比是：在创作缘起、

① 罗浩波：《志士与雅士的非凡组合——毛泽东诗词探析》，《广州大学学报》2002年第7期。

② 罗昌智：《毛泽东诗词与荆楚文化》，《云梦学刊》2005年第1期。

③ 毛代胜：《毛泽东诗词与湖湘文化》，《求索》1997年第3期。

④ 蒋培君、周甲辰：《解读毛泽东诗词的霸蛮风格》，《船山学刊》2010年第1期。

题材和主题上，前者多长期积累，偶然得之；后期多在抑郁之下的阵发式，个别作品甚至急不择言，情薄味短。①沈曜以新中国成立为界限把毛泽东诗词分为前后两大时期，前期重点攻词，后期偏重攻诗。这样分期的依据是：第一，新中国成立是具有国际意义的划时代大事；第二，诗人一生的革命政治活动前后明显区别。具体可细分为辛亥革命时期（1901—1918）、新民主主义革命初期（1919—1926）、第二次国内革命战争时期（1927—1936）、抗日和解放战争时期（1937—1949）、新中国成立十七年时期（1949—1965）、“文化大革命”时期（1966—1976）。②徐四海、季世昌赞成这种两分法，认为毛泽东诗词在新中国成立后语言更趋通俗，更加突出时代精神，诗学理论在创作实践中进一步深入，美学思想发生了新的嬗变。③此外，罗浩波把毛泽东诗词创作分为诗艺探索期（1927 年前）、诗艺定型期（1927—1959）、诗艺超构期（1959 年以后）三个时期。④袁朝把毛泽东诗词创作分为青少年时期（1906—1927）、革命战争时期（1927 年 9 月—1949）、新中国成立后时期（1949 年夏—1976）三个时期。⑤

学者重点关注毛泽东诗词“革命现实主义和革命浪漫主义”两结合的创作方法。许宇鹏、许文勇认为毛泽东诗词“两结合”的创作特色是毛泽东对文艺事业的一大贡献。他不但提出这一原则，而且运用它写出了许多精品。集中表现为：巧用典故，壮美词章；联想奇特，托物言志；借助风雅，展示情怀；妙用神话，慰藉忠魂。⑥杨青苗认为毛泽东诗词思想容量大，艺术境界深，把浪漫主义手法发挥得淋漓尽致，体现出深厚的历史渊源，创新了中华民族永无绝尽

① 江建高：《毛泽东诗词创作的两个高潮》，《湖湘论坛》2001 年第 1 期。

② 沈曜：《试论毛泽东诗词创作的分析》，《南京社会科学》2004 年第 12 期。

③ 徐四海、季世昌：《略论建国后毛泽东诗词诗论的发展》，《江苏社会科学》2012 年第 6 期。

④ 罗浩波：《诗艺转变：毛泽东诗词创作分期新探》，《华南师范大学学报》2002 年第 1 期。

⑤ 袁朝、张锦高、李儒胜：《毛泽东诗词的文学成就及其创作轨迹、艺术特色》，《理论月刊》2006 年第 8 期。

⑥ 许宇鹏、许文勇：《论毛泽东诗词“两结合”的创作特色》，《河海大学学报（哲学社会科学版）》2003 年第 4 期。

的诗的长河。①刘亚珍认为毛泽东诗词是现代浪漫主义的丰碑，形成高峰的原因是：对现存秩序和思想规范的彻底否定和批判；立足现实的宏伟理想；个体和群体相结合，理论和现实相结合；独特超群的人格力量。和古典浪漫主义相比较，现代浪漫主义的特点是：既重经世致用，又重现实和未来；既重理性认知，又重感性直观；既重自然山水，又重现实社会。②江建高论述了毛泽东诗词与唐代“三李”诗的渊源关系，认为从毛泽东的思想、气质、经历、学识、审美和他扮演的社会角色，可以找到他和“三李”诗的渊源关系，能找到他为什么以浪漫主义为基调、向文艺界向全党提出“两结合”创作方法的注脚。③

此外，何联华认为毛泽东诗词创作给我们的启示包括“为何写”“为谁写”“写成什么样”和“怎么写”。写诗的目的是“诗言志”“诗发愤”“诗出气”，写出“抱负和志向”，写出“胸怀和情操”，“直抒胸臆，豁达通脱”。写诗要注意“诗是人民创造的，我们是人民的代言人”，“把工农大众当作诗的主人”。写诗要“适合时代的要求，大众的要求”，要情感真切，使人感奋，引起读者的共鸣。④杨义提出毛泽东诗词的文化气象，此处气象不是研究自然现象的大气科学，而是研究人的气质、气派等精神现象的人文科学，具有三个维度：“马背写作”的维度、“昆仑情怀”的维度、“鲲鹏击水”的维度。⑤杨景春提出毛泽东诗词的含蓄特色。含蓄是中国传统艺术的一大特色，无论是文学、绘画、书法、篆刻乃至建筑，都讲究含蓄，目的是追求“弦外音，味外味”，增强诗词的感染力，给人以美的享受。毛泽东诗词的含蓄一是通过比兴等借此说彼，二是用成语典故与前人成句。⑥蔡志飞提出毛泽东对诗味理论的继承和丰富。味，

① 杨青苗：《毛泽东诗词的浪漫主义特色》，《重庆大学学报》2006 年第 3 期。

② 刘亚珍：《毛泽东诗词——现代浪漫主义的丰碑》，《北方论丛》1997 年第 6 期。

③ 江建高：《雄奇、瑰奇、奇丽、浪漫主义：论毛泽东诗词与唐“三李”诗的渊源关系》，《湖湘论坛》1997 年第 6 期。

④ 何联华：《毛泽东诗词创作给我们的启示》，《湖北文理学院学报》2014 年第 4 期。

⑤ 杨义：《毛泽东诗词的文化气象》，《党的文献》2007 年第 6 期。

⑥ 杨景春：《毛泽东诗词含蓄的两条途径》，《三门峡职业技术学院学报》2007 年第 4 期。

是我国古典美学中一个专门术语。毛泽东对诗味理论的继承，首先表现注重和强调诗作的“趣味”“韵味”。毛泽东对我国古典美学中诗味理论的继承，还体现在对“词理意兴，无迹可求”境界的执着追求上，对自己的诗词精心修改饰润。①杨景春对毛泽东诗词修改艺术进行研究，认为毛泽东写情写景意兴盎然，将生动性和形象性作为一个重要的修改尺度；具有脱俗的情趣神韵，宽广的气度胸怀，言志求大、立意求新；呕心沥血、集思广益，努力营造诗词美的情调和氛围。②江建高从诗歌题材的重大性、创作的时效性、语言的情趣性三个方面探求毛泽东中晚年诗词的新闻色彩，毛泽东当年以重大新闻事件入诗，那一段新闻就成了中国现当代的生动历史。他终生情系新闻，消息、通讯、杂感、述评和社论都精工独到。这种老辣锋利、一针见血的文风，同样体现在其讽刺诗作和多首“读报诗”中。③

（三）审美意象的美学研究

学者认为毛泽东诗词的美学风格是独特的，包括崇高美、悲壮美、苍凉美、人格美、色彩美以及政治审美等。严国强认为毛泽东诗词给人最突出的印象是大气磅礴。雄奇壮美的风格特质包括阔大的意象、深刻的哲理、壮阔的意境和浪漫奇谲；形成原因包括远大的政治理想、扎实的革命实践、戎马驱驰的军事斗争经历和国际政治较量以及经济建设的复杂体验。④陈增福认为毛泽东诗词的主基调是“壮美”，和“崇高”有所不同。“崇高”更加强调客体和主体的冲突，而“壮美”则更加强调客体与主体达成和谐的关系，并直接肯定着主体自身的本质力量。⑤蒋力余、杜音认为毛泽东诗词中给人以苍凉美感的有 10 余首，它蕴含有感伤、沉思、壮烈等多种情感因素。毛泽东诗词苍凉美表现为运用比兴艺术隐喻忧时感事的惆怅情思，运用环境描写烘托悲惨壮烈的战场气

① 蔡志飞：《论毛泽东对诗味理论的继承和丰富》，《四川师范大学学报》1997 年第 3 期。

② 杨景春：《毛泽东诗词修改艺术论》，《中国矿业大学学报》2004 年第 2 期。

③ 江建高：《诗家风采与记者眼光——试论毛泽东诗词的新闻色彩》，《南昌大学学报（人文社会科学版）》2004 年第 3 期。

④ 严国强：《试论毛泽东诗词的美学风格特质》，《江苏教育学院学报》2004 年第 2 期。

⑤ 陈增福：《毛泽东诗词境界的构建及其美学范畴之归属》，《辽宁大学学报》2002 年第 3 期。

氛，运用接近联想抒发俯仰今昔的人生感慨。高文超认为，欣赏过毛泽东诗词的人都会不自觉地被崇高美所感染，但这种崇高美再深度咀嚼便会流淌出艰涩的悲壮意味，显露出苍凉悲怆的情愫。①叶太平认为毛泽东诗词体现了他的人格美，具体包括理想境界的壮美，哲学智慧的精美，热爱民众的醇美，胸襟魄力的雄浑美，神情气度的潇洒美，风格境界的朴素美。②韩玉珠认为毛泽东诗词非常讲究色彩美，他善于抓住自然界和社会生活中不同色调和多种仪态，按照形式美的规律，绘制成生动传神、多彩多姿的形象画面，借以表达丰富的情感和高尚的审美情趣。③张成武、兰宇统计毛泽东诗词中，出现频率最多的是“红色”，其中“红旗”“红霞”“红雨”不下 20 处；其次是青绿和苍翠色，包括“碧”字也有 18 处以上；还有白色和黄色。④

学者认为毛泽东诗词长于形象思维，经常把峰峦、明月、瑞雪和鲜花加以艺术化、人格化，赋予其人的情感，将自然景物和自己人生体验巧妙地融汇在一起，给景物涂上思辨意义和浓厚的主观色彩。蒲度戎统计毛泽东诗词 67 首中有 12 首运用了红旗意象，大约占五分之一。毛泽东笔下的红旗形成了共性和象征意义，映照出毛泽东的政治意识、革命信念和战斗生涯。⑤杜贤荣认为目前行世的毛泽东诗词 67 首中，写风花雪月和涉及这些字眼的诗词共有 45 首之多，占三分之二以上。集中体现在：五彩缤纷，风云际会的现实表现；阴晴圆缺，悲欢离合的人生历程；指点江山，挥斥八极的理想追求。⑥龙君、欧阳君认为毛泽东诗词的自然生态意象包括山意象、水意象、风意象、天意象，此外还有“黄花”“江天”“枯木朽株”“银蛇”“大雕”等，诗词中的社会人文意象包

① 高文超：《论毛泽东诗词中的悲剧情愫》，《苏州科技学院学报》2004 年第 1 期。

② 叶太平：《毛泽东诗词的人格美》，《安徽农业大学学报》2006 年第 5 期。

③ 韩玉珠：《装点此关山 今朝更好看——评毛泽东诗词的色彩美》，《西北大学学报》1994 年第 3 期。

④ 张成武、兰宇：《毛泽东诗词中的色彩美及时代意识》，《广西师范大学学报》2008 年第 3 期。

⑤ 蒲度戎：《红旗诗人毛泽东——论毛泽东诗词中红旗意象》，《重庆大学学报》2005 年第 5 期。

⑥ 杜贤荣：《刚柔总相宜 壮美励来兹——毛泽东诗词歌咏的风花雪月》，《毛泽东邓小平理论研究》1998 年第 4 期。

括人物、事件、地点、典故和神话等。[①]范藻认为，毛泽东诗词中出现最高的几个物象是“白雪”“寒秋”“昆仑”“长江”“大海”，分别代表借景抒情与借古论今的寄托。[②]吴嫱婷、高文超解读毛泽东诗词中的梅、雪、柳意象，认为梅花中的“俏”与“笑”，整体上昭示了共产党人大无畏的斗争精神；瑰丽多变、坚韧奇倔的“雪”的气质和人民英雄冲决网罗、追求真理的斗争同构对应；杨柳的形象是千千万万为国捐躯的革命烈士在伟人记忆中的缩影。[③]

学者格外留意毛泽东诗词中的山意象。张兴德认为，毛泽东诗词中直接和间接涉及山的诗词达 31 首之多。各种各样的山水，在毛泽东的笔下显得多姿多彩、有情有味。他不是为了纯粹地描绘山水风物，而是为了表现红军战士的战斗生活和英雄气概，是为了鼓舞士气。他笔下的“山”不是孤立的、静止的，而是巧妙自然地“化静为动”，是一种动态之美。[④]陈菊认为毛泽东诗词中大约用了 55 个“山”字，提到了我国 36 座山名。“山”与毛泽东的战略思想和中国革命不平凡的历程有关，毛泽东通过“山”不仅塑造了无产阶级的英雄形象，而且也抒发了“大我”的凌云壮志。大山给毛泽东以深沉的哲学思考，毛泽东通过对“山”的描写和歌颂把自己的政治理想、哲理顿悟、人生取向统统升华为一种崇高的、深邃的激情并用诗的语言表达出来。[⑤]徐伯鸿从山意象看毛泽东诗词对传统艺术精神的突破。山是中国古典诗词中极为常见也是历史极为悠久的一个重要话语意象。跟古人一样，毛泽东也歌颂山，但更重要的是歌颂山跃动奔腾的崇高美。毛泽东之所以能够突破束缚和限制，原因固然有他的个性、才情、胆略、生活经历、诗学观点，但最重要最根本的原因还是源于他的

① 龙君、欧阳君：《毛泽东诗词意象的分类研究》，《重庆科技学院学报》2013 年第 11 期。

② 范藻：《领袖气魄与诗人情怀——探析毛泽东诗词中的几个物象的意义》，《四川文理学院学报》2006 年第 6 期。

③ 吴嫱婷、高文超：《解读毛泽东诗词中的山、梅、雪、柳》，《社会科学战线》2003 年第 6 期。

④ 张兴德：《试论毛泽东诗词中的山水情——纪念毛泽东逝世 40 周年》，《河南教育学院学报》2016 年第 5 期。

⑤ 陈菊：《漫谈毛泽东诗词中的“山”形象》，《宁波大学学报》1997 年第 4 期。

胸襟和“识见”。①邓天杰认为毛泽东诗词中的山已经不是大自然的山，而是社会化的山，是毛泽东思想情感幻化的产物，具有深刻的文化内涵和丰富的象征意义。它隐喻毛泽东志存高远的博大胸怀，冲决一切网罗的叛逆性格，奔放豪迈的英雄气概，百折不挠的坚韧意志，瑰丽奇谲的浪漫气质，勇往直前的超越情怀。②

也有学者注意到毛泽东诗词的冲突和悲剧美学。周甲辰认为综观毛泽东的诗词创作活动，人生危难、事业危机的时期恰恰是创作的高峰时期，人生如意、事业成功时期恰好是创作的低潮时期。他的作品虽然大多是苦难和挫折的产物，但是我们读来却很少感受到困苦和忧愁。从上述情况出发，毛泽东诗词的审美情感往往蕴含着矛盾、包孕着对立，是一个二元对立的意义建构。其中包括虚境与实境的矛盾，客观条件与主观感受的矛盾，个体和群体的矛盾，历史和现实的矛盾，乐景和哀景的矛盾等。③景志明、龙静认为长征组诗七篇（9首）是毛泽东诗词中最璀璨的明珠，体现冲突中的崇高美，其特点是给人以惊心动魄的审美享受。④胡国强、萧礼容分析毛泽东诗词的情景情节与美学本质，认为其美在冲突，主要内涵是主体的圣贤意志与现实社会的冲突，主义和社会现实的冲突，真善美与假恶丑的冲突。在毛泽东那里，“真”就是实事求是，“善”就是为人民服务，“美”就是建设社会主义精神文明、物质文明。⑤吴嫱婷等认为毛泽东诗词有悲剧意味，他的诗词自觉仿效了“上扬”和“下沉”两种悲剧意识的张力强度。⑥

---

① 徐伯鸿：《从山意象看毛泽东诗词对传统艺术精神的突破》，《信阳师范学院学报》2006年第3期。

② 邓天杰：《试论毛泽东诗词中“山”的人格隐喻》，《天水师范学院学报》2005年第3期。

③ 周甲辰：《论毛泽东诗词审美情感的矛盾建构》，《涪陵师范学院学报》2006年第2期。

④ 景志明、龙静：《毛泽东长征组诗的崇高美》，《西昌学院学报》2014年第1期。

⑤ 胡国强、萧礼容：《毛泽东诗词的情景情节与美学本质》，《西南民族学院学报》1998年第5期。

⑥ 吴嫱婷、崔香淑、高文超：《试论毛泽东诗词的悲剧意味》，《北方论丛》2004年第4期。

三、历史哲学层面的研究

随着时间的推移，学者对于毛泽东诗词的评价日趋理性和客观，近些年来有逐步提高的趋势。丁毅认为毛泽东是一位世界性的伟大诗人，法国学者说他是“东方诗神”，日本学者说他是“地球上的巨人”，然而大概是我们距离他太近的原因，国内一些学者反而没有这种感觉。①贺敬之认为，真正伟大的诗人，真正伟大的艺术作品，从来不会因为岁月的流逝而消减其价值；相反，作者的人格精神和作品的思想艺术魅力，总是会汇聚到整个民族永恒的精神河流当中。一些学者把毛泽东诗词放在中国诗词发展史的长河中，突出他的创新性。逄先知认为毛泽东在井冈山和中央革命根据地所写 11 首诗词中鲜活生动并代表历史前进方向的题材内容，无论是同时代的其他诗人还是毛泽东之前的创作都是不可能出现的。他这一时期的词作，既是他创作生涯的一次重大飞跃和发展，也是中国诗词发展史上一次重大突破和发展。他重申了胡乔木的观点，即毛泽东的诗词可能比他的其他著作更具有持久的生命力。②杨景春认为，毛泽东是一棵参天大树，深深扎根在中华民族悠久历史和璀璨文化的大地上。毛泽东诗词和他的理论文章一样，闪烁着睿智的光芒，是中华优秀传统文化在中国现当代时期的一次集中展现。毛泽东诗词是时代更新的产物，是一个正在崛起的民族精神风貌的情感物化，是 20 世纪民族大文化巅峰上出现的一道亮丽风景。③

学者对毛泽东在中国诗歌史上的地位进行了新的评价。张建徽认为，毛泽东诗词的人文魅力体现在文采霸气、文化优势和政治地位。他诗词的人文个性体现在豪放大气、充满英雄和乐观主义，想象丰富、浪漫无比，文采横溢、文句华美。④唐军认为以 1993 年纪念毛泽东诞辰 100 周年为界，毛泽东诗词逐渐

① 丁毅、王莎莎：《毛泽东诗词与中华民族精神》，《中共党史研究》2014 年第 5 期。

② 逄先知：《中国诗词发展史上的重大突破和发展》，《党的文献》2007 年第 6 期。

③ 杨景春：《毛泽东诗词与民族文化概论》，《黑龙江社会科学》2001 年第 3 期。

④ 张建徽：《毛泽东诗词人文解读》，《求实》2006 年第 3 期。

从过度的政治解读转而趋向于文学和艺术审美的对象。以新中国成立为划分，前28年毛泽东以革命战争方式自觉地将“新美如画”的“少年中国”推向青春四溢的“青年中国”，后27年毛泽东以建设运动方式不自觉地将青春四溢的“青年中国”推向沉稳健硕的“壮年中国”。①宋纹瞞认为中国旧体古典诗词盛行了三千多年，在五四新文化运动白话文代替文言文的冲击下很多人对旧体诗采取了否定的态度，这种情况自毛泽东《沁园春·雪》等陆续发表问世后慢慢有了改变。人们从毛泽东诗词中，惊异而深切地感到旧体诗还是有生命力的，是可以为无产阶级、为人民服务的。②杨简认为在中国诗坛，屈原的地位极其崇高（可与《诗经》并称风骚，可与庄子并称庄骚），毛泽东诗词则开创了一条用古典形式反映现实生活的新道路。他重申了贺敬之的观点：“屈赋开楚风，毛诗动天地。”③

关于毛泽东诗词哲学意蕴的研究也别树一帜。何火任认为，毛泽东早年曾信仰无政府主义和工读主义，但当他接受了马克思主义真理而成长为坚定的无产阶级革命家之后，辩证唯物主义和历史唯物主义就铸就了他的灵魂，成为他认识和改造主观世界的精神法宝。他从接受马克思主义真理并参与缔造中国共产党起步，开始登上中国现代政治舞台。他的唯物辩证的战争观，是他战争题材诗词创作的灵魂。在毛泽东笔下，你死我活、血肉拼搏的战争场面，被他描写为心灵化、感情化的形象画面。新中国的诞生，标志着一个新时代的开始。面对这个自己亲身参与开辟的新时代，毛泽东在一个更高的时代历史层面展开更为广阔而深刻的社会实践和理性思考。毛泽东诗词的哲意美源自诗人创作中辩证艺术思维的诗意显现。应该看到，毛泽东诗词创作中哲意美追求的另一个重要表现，就是诗人常常将辩证唯物史观深蕴在他的作品中并善于转化为感人的艺术形象，奔涌着人民创造历史的澎湃激情。毛泽东诗词中任何一首，都反

① 唐军：《携来风雷润好诗——文化视域中毛泽东诗词及其人生涵蕴》，《北京教育学院学报》2005年第3期。

② 宋纹瞞：《关于毛泽东诗词评价的几个问题》，《人文杂志》1999年第1期。

③ 杨简：《毛诗屈赋悬日月——纪念毛泽东诞辰110周年》，《茂名学院学报》2004年第2期。

映出具有诗人的独特风格、无产阶级的先进世界观、革命导师的共产主义世界观。这就是毛泽东诗词有如“日月经天”而“光景常新”的原因。①

学者认为，毛泽东作为坚定的马克思主义者，其诗词充分体现了马克思主义哲学的对立统一规律，这是对中国传统哲学的一次重大突破和回归。周甲辰认为，“和”是中国古代哲学的一个基本范畴。自古以来，中国人都一直向往“天人合一”“神人以合”的精神境界。为了“和”，古代艺术家在诗词创作中，往往非常讲究物我同一、情景交融，很少涉及斗争与冲突。毛泽东则不同，他一反古人的做法，写诗填词中不但不追求和谐之美，反而有意识地表现对抗，展示冲突。毛泽东认为矛盾存在于一切过程中，并贯穿在一切过程的始终。而且，矛盾对立面的同一性是相对的，斗争性是绝对的。②他认为，毛泽东在写诗填词时总是保持着相对平静的心境，从而和传统浪漫主义诗人常有的那种天马行空、不着边际的幻想根本不同。毛泽东始终相信“最重要方面是能动性”，始终相信人类有无穷无尽的创造力，相信人定胜天。在时间上他特别重视“今”，在他的眼里，一切的东西都在运动，“动”是天地万物身心的本性。③他同时认为，从《周易》开始，中国哲学就有了尚变的传统。在毛泽东眼里，运动永远是绝对的，这是对中国传统哲学的回顾。④

学者认为，与斗争性相对应，毛泽东诗词强调主观能动性，体现出鲜明的特色。王向清认为，就天人关系即客体和主体的关系而言，中国古代的思想家们大多持宿命论立场。近代以来，先进的中国人为解决“中国向何处去”的时代问题又大多持唯意志论立场。毛泽东与近代启蒙思想一脉相承，并受尼采、叔本华等思想影响，他的诗词作品鲜明体现出主观能动性的张扬。在革命战争年代，主观能动性的适度发挥，产生的影响往往是积极的；而在社会主义建设

① 何火任：《艺术辩证法的诗意显现——毛泽东诗词哲意美试论》，《华中科技大学学报》2006 年第 3 期。

② 周甲辰：《战地黄花分外香——毛泽东诗词斗争美的哲学阐释》，《宜春学院学报》2003 年第 3 期。

③ 周甲辰：《毛泽东诗词哲学思想论》，《绥化学院学报》2006 年第 4 期。

④ 周甲辰：《毛泽东诗词意象的动态美》，《南阳师范学院学报》2002 年第 5 期。

时期，过于强调主观能动性，则往往会带来消极的影响。①陈方平认为，毛泽东诗词注重对传统文化的继承和超越，注重人的主体性的弘扬，往往可以在其中探寻其潜层涌动的精神脉络与哲学逻辑。②杨景春认为，毛泽东诗词在意象的组合方式上，融合了作者独具感染力的时间情思；从整首诗词或上下片结合角度看时间意识，强烈的现实感和当代意识弥漫在诗词的字里行间，认为只有争取主动、争取时间，才可以灭敌人的威风，长自己的志气。③杨景春认为，毛泽东诗词用“人间正道是沧桑”表明任何事物发展都是有规律可循的，用“僧是愚氓犹可训”表明应区别对待敌、友、我的关系，用“敢教日月换新天”表明事物在一定条件下能够相互转化，用“年年后浪推前浪”表明新事物终将赶超、扬弃、升华旧的事物。④

毛泽东诗词的哲学意蕴在其历史观和历史情怀中表现格外明显。刘广祥以《贺新郎·读史》为例，认为毛泽东是用辩证唯物主义和历史唯物主义的立场观点看待历史，以庄重诙谐的笔调写兴衰成败，评大是大非，寻千古陈迹，探历史趋势。他对旧史书以帝王将相为中心的思想进行深刻批判，对人民创造历史进行热情礼赞。⑤李晓社、王强认为，毛泽东诗词的历史观包括革命史观、发展史观、人民史观。⑥杨义认为毛泽东诗词的历史情怀包括把握历史的巨大魄力、运用文史知识驱遣自如的笔力、湖湘情缘的真挚深邃的感染力，其品格特征为实践性品格、阶级性特征、人民性特征。⑦张兴德认为，毛泽东诗词体现出社会变革的必然性、正当性和正义性，具有丰富的辩证法思想，“人民是创造

① 王向清：《毛泽东诗词中主体意识的张扬及其双重意蕴》，《湖南行政学院学报》2013 年第 6 期。

② 陈方平：《毛泽东诗词的哲学意蕴》，《南京林业大学学报》2005 年第 1 期。

③ 杨景春：《毛泽东诗词时间意识论》，《石家庄师范专科学校学报》2001 年第 1 期。

④ 杨景春：《毛泽东诗词哲理意识论》，《广西大学学报》2006 年第 2 期。

⑤ 刘广祥：《从〈贺新郎·读史〉看毛泽东诗词的唯物史观》，《开封教育学院学报》2009 年第 2 期。

⑥ 李晓社、王强：《毛泽东诗词的历史观解读》，《河北科技大学学报》2007 年第 4 期。

⑦ 杨义：《历史情怀：进入毛泽东诗词特质深层的路标》，《党的文献》2011 年第 1 期。

历史的主人”的历史观。①肖礼荣认为毛泽东诗词的历史观是“解构”与“建构”的统一，“解构”包括对当时的社会直观地否定、辩证地否定；“建构”包括“造反有理”“古为今用”“以客观事实为标准去肯定或否定历史人物的功过”等。②曹应旺认为，从毛泽东诗词可以看出毛泽东思想的发展脉络，他于1936年2月写出巅峰之作《沁园春·雪》，一年后写出《祭黄帝陵》。这时正是毛泽东思想开始成长、走向成熟并逐步影响全党的重要时期。③

四、精神境界层面的研究

学者认为，毛泽东诗词是毛泽东性格、精神、理想和信念与愿望的载体和凝聚。他以如椽巨笔塑造了一个博大、崇高、刚强、壮美的中国共产主义者形象，一股行文如虹、旋转乾坤的磅礴气势猎猎而生。他深深爱着祖国和人民，并终身为了祖国的独立解放、人民的自由幸福而奋斗。他不迷信，不盲从，不唯上，不唯书，敢于怀疑与突破旧有的传统观点和习惯束缚，在继承中发展创新。④毛泽东诗词是推进中国革命从胜利走向更大胜利的精神力量，在中国文化史上显示出独特的风采。丁毅认为毛泽东精神内涵主要集中在爱国主义、共产主义、自力更生、艰苦奋斗、敢于斗争、敢于胜利等方面，长征诗词是毛泽东精神的集中显现。⑤王思洋把毛泽东诗词的情感世界分为豪迈的革命激情、浓烈的爱民真情和凄楚的纯洁爱情三类。⑥徐龙年认为毛泽东诗词的情感境界包括铭心刻骨的夫妻儿女亲情、经久不衰的同窗故交旧情、催人泪下的战友同志深情等。⑦蔡

① 张兴德：《毛泽东诗词创作中的哲学理趣——纪念毛泽东诞辰120周年》，《辽东学院学报》2014年第1期。

② 肖礼荣：《论毛泽东诗词的文化精神》，《毛泽东诗词研究丛刊》2000年第1辑。

③ 曹应旺：《从毛泽东诗词看毛泽东思想的发展脉络》，《毛泽东研究》2017年第3期。

④ 杨建党：《毛泽东诗词与人格魅力》，《广西大学学报》2005年第2期。

⑤ 丁毅：《毛泽东的长征诗词和毛泽东精神》，《党的文献》2006年第6期。

⑥ 王思洋：《永远的真情——毛泽东诗词的情感世界》，《党史纵横》2016年第7期。

⑦ 徐龙年：《论毛泽东诗词的情感境界》，《学术交流》2004年第11期。

函甫把毛泽东的诗词境界分为五层，分别是情感境界、功利境界、历史境界、悲剧境界和变易境界。①萧礼容论述了毛泽东诗词精神境界包括：豪迈的“雄气”、高尚的理想、团结战斗的革命乐观主义精神，新中国成立后则表现为歌颂人民的无私奉献精神和时不我待的进取精神。②

学者们普遍认为，毛泽东是继承传统、饱含浓烈恋土情结的爱国主义者。与古代某些爱国主义诗人迥然不同的是，他笔下的山光物态再也看不到阴冷灰暗的色调，听不到幽怨感伤的哀叹，扑面而来的是昂扬豪迈的乐观主义情怀和革命浪漫主义精神。毛泽东诗词也写悲，但流贯于其中的不再是壮而悲的情致，而是悲而壮的阳刚之美。李衍柱认为，毛泽东通过创造东方巨人的光辉形象将共产主义理想和不断发展的革命现实高度而又辩证地统一起来。过去优秀诗歌中所讴歌的抒情主人公形象，最根本的特点是对理想的追求，叛逆的性格，英雄主义和扩大了的自我形象。毛泽东诗词把古典的抒情诗词推向了一个新阶段，诗中出色描绘和表现了一个顶天立地的东方巨人形象。③张育仁认为，毛泽东诗词作为中国革命的理性史和情感史的深刻价值，恰恰在于它是由高度典型的个体经验情感所表达的革命这一实践主体的历史面貌，是“英雄主义人物的总和”。④韩玉珠论述了毛泽东诗词的英雄主义精神美，认为体现在：数风流人物，塑人民群像；绘新美风格，赞今朝英豪；放雄豪之声，映英雄风采。⑤王越芬、陈曲认为，毛泽东诗词中的革命精神在战争时期体现在永不言败的斗争精神和英雄无畏的团结精神，在新时代体现为积极乐观的进取精神和艰苦奋斗的创业精神。⑥艾湘涛认为毛泽东一生对古典诗词情有独钟，但作为一个无产

① 蔡函甫：《毛泽东诗词的境界新探》，《探索》2002 年第 3 期。

② 萧礼容：《论毛泽东诗词的文化精神》，《西南师范大学学报》1997 年第 6 期。

③ 李衍柱：《东方巨人的形象——论毛泽东诗词的抒情主人公》，《黄河科技大学学报》2004 年第 1 期。

④ 张育仁：《骑在马背上的中国革命精神——论毛泽东诗词作为革命理性史和情感史的美学意义》，《重庆师范大学学报》2015 年第 5 期。

⑤ 韩玉珠：《毛泽东诗词的英雄主义精神美》，《西北大学学报》1998 年第 1 期。

⑥ 王越芬、陈曲：《毛泽东诗词中的革命精神和现实价值》，《东北农业大学学报》2012 年第 2 期。

阶级政治家兼诗人，他所渴望的自由是一种哲学意义的自由——合规律合目的的自由，即从必然王国到自由王国的飞跃，这和一般文人的自由不羁、风花雪月、多愁善感根本不同。①柳传堆认为毛泽东诗词中有“虎气”，主要表现在王者之气、阳刚之气和人间正气。②

也有学者认为毛泽东从来不是“乐神”，毛泽东诗词中的忧患意识，青壮年时多藉景而出，晚年则常以激愤之语出之。周甲辰认为毛泽东诗词充分体现其叛逆精神，这里有地方文化的影响，时代精神的影响，个人志趣和抱负的影响。③他认为毛泽东的情感世界，时常受到孤独的缠绕与折磨，体现为孤高、孤困、孤冷。纵观毛泽东的诗词创作，绝大部分的优秀作品都是在艰难困苦的处境下创作出来的。孤独体验绝不是只有负面的作用，他的孤独体验有其独特的思想文化内涵，孤独不同于孤单、孤僻、无奈，表现孤独不同于玩赏孤独。④他还认为毛泽东诗词中有对强大武力的倚仗和迷恋。他或用大级别数字再现军队的兵强马壮，或用比较的方法凸显人民力量的不可战胜，或用象征的手法表明人民力量的举世无匹，或直接抒写人民力量在对敌斗争中的摧枯拉朽、战无不胜。⑤仲彬提出毛泽东诗词中体现出忧患意识和自强精神，“宜将剩勇追穷寇，不可沽名学霸王”“独有英雄驱虎豹，更无豪杰怕熊罴”是其中鲜明代表⑥。

第三节　毛泽东诗词呈现中国共产党的精神品格

中国共产党的历史，是一部波澜壮阔、艰苦卓绝的斗争史。一代代中国共产党人，凭借着强大的精神力量，努力战胜各种艰难险阻，完成一个个常人看

① 艾湘涛：《试论毛泽东诗词的浪漫主义特征》，《湖湘论坛》2009 年第 4 期。

② 柳传堆：《论毛泽东诗词的“虎气”》，《湖南科技大学学报》2010 年第 5 期。

③ 周甲辰：《论毛泽东的叛逆精神及其诗词创作》，《武汉科技大学学报》2010 年第 1 期。

④ 周甲辰：《论毛泽东诗词的孤独体验》，《当代文坛》2006 年第 5 期。

⑤ 周甲辰：《枯木朽株齐努力——毛泽东诗词中的尚武精神》，《船山学刊》2005 年第 4 期。

⑥ 仲彬：《毛泽东的忧患意识和自强精神》，《学海》1997 年第 2 期。

起来不可能完成的重大任务。在革命战争时期，党在实践中先后形成了建党精神；井冈山精神、苏区精神、长征精神、遵义会议精神、延安精神、抗战精神、红岩精神、西柏坡精神等；在建设时期，党在不同领域又形成了抗美援朝精神、“两弹一星”精神、雷锋精神等；在改革开放时期，党形成了改革开放精神、特区精神、抗洪精神等；进入新时代，又形成了脱贫攻坚精神、抗疫精神等。它们共同构成博大精深、异彩纷呈的红色精神谱系。毛泽东长期担任党、国家、人民军队的领袖，在开创、总结、提炼党的早期各种精神上发挥了不可或缺的重要作用。他的诗词以艺术的方式极大地推进了党的历史上各种精神的进一步弘扬。

一、毛泽东诗词积淀了推进革命和建设事业的精神气象

倘若从“诗言志”的精神意象而言，毛泽东诗词与历代普通文人雅士的诗词创作相比，毛泽东将整个生命和全部精力都奉献给了中国人民的民族解放事业，其诗词的神韵风采是前者难以企及的。毛泽东诗词与朱德、陈毅等其他无产阶级革命家重在写实的诗词不同，毛泽东往往略写历史事件，重在抒发革命激情和豪迈气概，其诗歌又具有独特的史诗价值，最终沉淀为推进革命和建设事业的一种大气磅礴的精神气象。

（一）“世上无难事，只要肯登攀”：在破围实践中开辟井冈山精神

毛泽东终其一生始终具有深厚的“井冈山情结”，先后为它创作了《西江月·井冈山》《水调歌头·重上井冈山》《念奴娇·井冈山》。毛泽东诗词中吟咏的山峰很多，但为一座山写三首词，在其创作堪称绝无仅有。其实不仅毛泽东，很多老一辈革命家都对井冈山情有独钟。朱德1962年重上井冈山时就把它誉为“天下第一山”。[①]毛泽东和他的战友们在井冈山根据地的革命情怀，不仅在他们后来的革命生涯中不断延伸，而且在内心深处构建为一座众志成城、岿然傲立

① 陈晋：《破围与开辟：从历史主题、美学主题到精神气象——毛泽东井冈山和中央根据地时期词作及其精神延伸》，《党的文献》2017年第11期。

的精神丰碑。江泽民 2001 年在视察江西时对井冈山精神作了科学的概括，其中“坚定信念、矢志不移”是灵魂；“实事求是、敢闯新路”是核心；“依靠群众、勇于胜利”是根本；“艰苦奋斗、百折不挠”是基石。①“农村包围城市、武装夺取政权”的井冈山道路是中国共产党人结合中国具体国情创造出来的。井冈山精神是具有原创意义的民族精神，是中国共产党众多革命精神的重要源泉。

（二）“踏遍青山人未老，风景这边独好”：在人生逆境中迸发苏区精神

为了打破湘赣军阀的会剿，毛泽东与朱德 1929 年初率领红军主力下了井冈山，随后转战赣南闽西，创建了中央根据地，成立了中华苏维埃共和国。在此期间，他先后创作了《清平乐·蒋桂战争》《采桑子·重阳》《如梦令·元旦》《减字木兰花·广昌路上》《蝶恋花·从汀州向长沙》《渔家傲·反第一次大“围剿”》《渔家傲·反第二次大“围剿”》《菩萨蛮·大柏地》《清平乐·会昌》等九首诗词。由于受到党内“左”倾错误路线的排挤，毛泽东当时不断被罢免党内、军内各种职务，并时常受到疟疾、便秘等各种疾病的困扰，几度命悬一线，内心深处极端苦闷。但是发之于诗词，他始终洋溢着积极乐观的豪情，体现出难能可贵的大局意识、担当精神、为民情怀和坚强党性，是苏区精神的生动示范。2011 年 11 月，习近平在纪念中央革命根据地创建暨中华苏维埃共和国成立 80 周年座谈会上，把苏区精神概括为“坚定信念、求真务实、一心为民、清正廉洁、艰苦奋斗、争创一流、无私奉献”。②在苏区精神的影响下，包括毛泽东在内的苏区干部“自带干粮去办公，夜走山路访贫农”，受到人民群众的热情拥戴和深情怀念。中央苏区和中华苏维埃共和国的历史虽然并不长，但为新中国的成立积累了宝贵的精神财富和遗产。

（三）“苍山如海，残阳如血”：在艰难险阻中讴歌长征精神

毛泽东在长征时期迎来了第一次诗词创作高峰。在从 1934 年到 1936 年的

---

① 余伯平：《胡锦涛三论井冈山》，《江西社会科学》2009 年第 3 期。

② 习近平：《在纪念中央革命根据地创建暨中华苏维埃共和国成立 80 周年座谈会上的讲话》，《人民日报》2011 年 11 月 4 日。

两年多时间里，他先后创作了《十六字令三首》《忆秦娥·娄山关》《念奴娇·昆仑》《七律·长征》《清平乐·六盘山》《六言诗·给彭德怀同志》《沁园春·雪》等。长征路上有很多次战斗，而毛泽东诗词却没有实写过某一次战斗，甚至概括性极强的《七律·长征》也略去具体战斗而重点写征程上的感受，目的正是突出和颂扬党和红军的英雄气概。党和红军在重大战略转移中形成的长征精神，集中体现为“坚忍不拔、自强不息、不怕牺牲、一往无前”，这和毛泽东诗词浓墨重彩的讴歌是分不开的。他的很多长征诗词在发表当时就在红军中起到巨大精神鼓舞作用。1935 年 10 月红军占领甘肃通渭时，毛泽东在全军副排以上干部会议上亲自朗诵这首《七律·长征》，“群情振奋”①。抗日战争中，我军有一支部队在和敌人的战斗中众寡悬殊，他们在打开收音机听到《清平乐·六盘山》中“不到长城非好汉”的诗句时，浑身充满力量，决心冲出敌人的包围圈，最终竟真的冲了出来②。短短两首诗词，为什么在关键时刻竟能发挥如此神奇的力量？那是因为它极大地激发了党和红军的英雄气概，把理想信念等精神意志切实转化为红军战士的战斗力和创造力。

（四）“一万年太久，只争朝夕”：在和平建设的困难时期催生了伟大的斗争精神

毛泽东在 1959 年到 1964 年，迎来了又一次诗词创作高峰，先后创作了《七律·到韶山》《七律·登庐山》《七律·和郭沫若同志》《卜算子·咏梅》《七律·冬云》《满江红·和郭沫若同志》《杂言诗·八连颂》等十多首诗词。这一时期的国内外形势堪称内外交困、多事之秋，毛泽东号召发动人民群众的力量，自力更生、艰苦奋斗。其中《杂言诗·八连颂》号召全国学习南京路上好八连这个集体典型，直接催生了“南京路上好八连”精神。除此以外，雷锋精神、焦裕禄精神、大庆精神、红旗渠精神、“两弹一星”精神等建设时期的各种精神无不受此直接或间接的影响。这些精神集中表现在两个方面：一是对社会主义革命和建设的热情歌颂，对人民全心全意的服务；二是对国内国际形

① 汪建新：《毛泽东诗词的时代价值和现实意义》，《红旗文稿》2015 年第 24 期。

② 季世昌、徐四海：《红色经典丛书：毛泽东诗词》，江苏文艺出版社 2017 年版，第 52 页。

势的“冷眼观察”，对困难挫折的极度藐视。这些精神昂扬向上、充满乐观、激情燃烧，给人以强烈的振奋鼓舞和美的享受。当时的新中国一穷二白、百废待兴，不仅受到西方敌对势力的极端封锁，而且受到苏联大国沙文主义的不断打压，现代化建设的艰巨性和复杂性是后人难以想象的。但正是凭借这些精神，年轻的共和国建设者们克服各种艰难险阻，在极端困难的条件下创造出骄人的业绩，其中可歌可泣的感人事迹直至今天仍令人肃然动容。

二、毛泽东诗词弘扬了中国共产党人的精神品格

概而言之，毛泽东诗词展现的精神内涵集中体现在：“积极进取，永不言败；依靠群众、崇尚集体；敢于斗争、敢于胜利；自力更生、廉洁奉公”。正如《义勇军进行曲》中“中华民族到了最危险的时候”那句著名歌词，毛泽东诗词中体现的中国共产党人对国家民族的忧患意识、危机意识、责任意识，进而唤起的自我牺牲精神、艰苦奋斗精神，体现出革命的现实主义和革命的乐观主义的高度统一，深刻地诠释了“前途光明，道路曲折”的宏大主题。这种精神，对于当前正承担民族复兴重任的新时代中国共产党人来说意义非常重大。

（一）弘扬积极进取、永不言败的革命乐观主义精神

在努力实现中华民族伟大复兴、建设社会主义现代化强国的历程中，绝大多数党员奋发图强，然而有些党员却受西方各种思潮的影响，存在不同程度的动摇和懈怠，集中体现为信念缺失，意志消沉。毛泽东诗词是党带领人民探寻民族复兴道路的激昂旋律。他虽然没有直接使用“中国梦”这个词，但其诗词不仅生动记录了他戎马一生的行踪历程，也形象展现了中国共产党救亡图存的精神追求。在革命斗争和社会主义建设中，不管环境多么险恶，敌人多么凶残，斗争多么艰辛，他都始终对前途充满信心，一直保持着豪迈、洒脱、自信的革命乐观主义精神。当革命和建设处于低潮之时，往往恰恰是他诗词创作喷薄旺盛之时。《清平乐・会昌》开头就写道“东方欲晓，莫道君行早”，暗示“黑暗即将过去，曙光即在前头”；“踏遍青山人未老，风景这边独好”一句堪

称绝唱，表明在严峻的历史考验面前仍然充满希望。全诗看不出一点悲观失望的情绪，也让人无法想到当时中央苏区已经陷入极端危险的境地。①《清平乐·六盘山》作于1935年10月，当时中央红军经过长征后兵力大大削弱，从出发时的八万多人锐减到约八千人，但“今日长缨在手，何时缚住苍龙”的诗句仍鼓舞人们对革命前途充满信心。1936年2月，毛泽东在东征途中创作出《沁园春·雪》这一代表作。全诗以雪起兴，赞美祖国大好河山，评判封建历史人物。“俱往矣，数风流人物，还看今朝”的结句大气磅礴、气吞山河，充分表现了作者豪迈、自信的革命气概。正是这些充满革命乐观主义精神的诗句使红军战士斗志昂扬，在行军和战斗中克服无数艰难险阻，而在当前亟须在党员中弘扬这种精神。正像有首歌里唱的那样：“革命人永远是年轻，他好像大松树挺立山顶。”共产党员是彻底的唯物主义者，应该用自己昂扬向上的人格魅力感染、带动周围的群众共同前进。

（二）弘扬依靠群众、崇尚集体的人民英雄主义精神

党在长期执政的过程中，绝大多数党员能够保持先进性和纯洁性，但是在某些地区某些部门中官僚主义、形式主义有所抬头，集中表现为高高在上、脱离群众。毛泽东把为大多数人谋福利看作是自己人生的最高理想，把一生奉献给最壮丽的中华民族解放事业，被誉为“人民领袖”。毛泽东诗词是共产党人心系群众疾苦、讴歌群众力量的生动示范。他诗词创作的显著特点是，绝非为写诗而写诗，而是将自己融入群众中，设身处地地为百姓着想，发自内心地为大众服务。《西江月·井冈山》《念奴娇·昆仑》等诗词中多次出现“我”或者“吾”字，但这主要不是创作者自我情感体验的“小我”，而是为人民、为民族、为人类不懈奋斗的“大我”。《浪淘沙·北戴河》《七律二首·送瘟神》《七律·到韶山》用“换了人间”“纸船明烛照天烧”的诗句表达对人民群众获得福祉的无比喜悦和欣慰，用“六亿神州尽舜尧”“遍地英雄下夕烟”的诗句塑造人民群众的群像，把他们看成正义的化身、力量的源泉。正由于此，他的诗词最富于革命集体主义精神。他很少书写个人的生活，往往更多着眼于土地

① 王越芬：《毛泽东诗词中的革命精神与现实价值》，《东北林业大学学报》2012年第4期。

革命战争、长征、抗日战争、解放战争、社会主义建设中的历史重大事件。他把更多的视角转向战士、女民兵、渔民、社员等最基本的群众，突出“人民是推动历史动力”的深刻主题。至于正统史书上大肆标榜为“英雄豪杰”的所谓帝王将相，毛泽东在诗词中则用“粪土当年万户侯”“骗了无涯过客”的诗句表示极度鄙薄。这充分体现了中国共产党人隽永的内涵、寥廓的气魄和高超的智慧。这种全新的英雄主义精神，值得在新时代大力弘扬。新时期的各级党员干部必须充分认识到，历史是人民书写的，人民群众才是真正的英雄，而我们自己则往往是幼稚可笑的。只有站稳人民立场，紧紧依靠广大人民群众，才能始终保持党的先进性和纯洁性，才能始终赢得人民群众的尊重和爱戴。

（三）弘扬敢于斗争、敢于胜利的不懈奋斗精神

在全面深化改革的历史进程中，很多党员表现出敢涉险滩、敢于拼搏的顽强斗志，但是也有些党员暴露出严重的畏难情绪，集中表现在拖延推诿、回避矛盾。在极其艰难的战争年代和极为繁忙的建设时期，毛泽东用他的诗笔始终高扬着敢于斗争、敢于胜利的奋斗精神，这些精神正是中华民族的伟大精神寓于亘古未有的无产阶级革命时代的集中体现。早在青年时期，他就在日记里写下了《四言诗·奋斗》，认为“与天奋斗，与地奋斗，与人奋斗，其乐无穷!”他在土地革命时期创作的《减字木兰花·广昌路上》斗志昂扬，在第三世界国家影响深远。当1971年联合国大会以压倒性票数恢复中华人民共和国合法席位时，智利常驻联合国代表卡萨努埃瓦竟当众朗诵该词表达对中国的庆贺和喜悦之情。①毛泽东诗词的力量超越了地域、种族和意识形态的隔阂，使远在西半球一隅的发展中国家的政治家产生强烈的思想共鸣。从1927年秋收起义的“霹雳一声暴动”到1949年渡江战役的“钟山风雨起苍黄”，毛泽东诗词构成了一个个党和人民军队由弱到强、由农村到城市的精神里程碑。党在执政后道路依然崎岖而漫长。毛泽东在1965年创作了《水调歌头·重上井冈山》，热情讴歌井冈山人民在革命和建设时期所取得的伟大成就，尽情抒发了誓将社会主

---

① 刘汉民：《毛泽东诗词佳话》，人民出版社2013年版，第123页。

义事业进行到底的壮志豪情。特别是结尾“世上无难事，只要肯登攀”两句，堪称是毛泽东不懈奋斗的人生总结，也是中国共产党人历经苦难辉煌的生动写照。就“人”与“天”的关系而言，中国古代思想家大多持被动立场，认为人在自然界面前是无能为力的。①中国共产党人第一次由精神上的被动转为主动，形成敢于斗争、敢于胜利的奋斗精神，成为勇往直前的精神支柱，这在新时期仍应结合实际赋予新内涵。俗话说：“行百里者半九十。”在全面建成小康社会、实现民族复兴的道路上，仍有许多想象不到的困难或棘手的难题。这就要求共产党人不怕艰险、勇往直前，像当年红军攻克“娄山关”和“腊子口”那样争取最后胜利。

（四）弘扬艰苦朴素、廉洁奉公的自强自省精神

在市场经济大潮中，很多党员把握规律、搏击风浪，努力成为时代的弄潮儿，但是也有些党员抵御不住诱惑，成为权钱交易、权色交易的俘虏和砝码。人活着，总归是要有一点精神的。共产党人，更应该襟怀坦白、先公后私、心胸坦荡、勇于担当。早在 1935 年 12 月，毛泽东在《论反对日本帝国主义的策略》一文中就指出：“我们共产党人有权利称我们是代表全民族利益的”，“我们中华民族有同敌人血战到底的气概，有在自力更生基础上光复旧物的决心，有自立于世界民族之林的能力”。②青年时代，他在《五古·挽易君陶》中激情满怀地写道：“东海有岛夷，北山尽仇怨。荡涤谁氏子，安得辞浮贱”。新中国成立后，他在帝国主义、霸权主义、大国沙文主义的封锁面前毫无畏惧，在国家主权和民族权益上毫不退让。1961 年 12 月，他在读了陆游的《卜算子·咏梅》后深有感触，反其意创作了展现中国共产党人形象的《卜算子·咏梅》。其中“已是悬崖百丈冰，犹有花枝俏”“待到山花烂漫时，她在丛中笑”两句，“俏”和“笑”两字描写得何其传神！在 1963 年，他被八连进驻上海南京路后十几年身居闹市、一尘不染、勤俭节约、克己奉公的事迹所感染，创作了《杂

① 王向清：《毛泽东诗词中主体意识的张扬及其双重意蕴》，《湖南行政学院学报》2013 年第 11 期。

② 《毛泽东选集》第 3 卷，人民出版社 1994 年版，第 232 页。

言诗·八连颂》，赞颂他们“为人民，几十年。拒腐蚀，永不沾”。南京路上好八连形成于山东老区，参加过淮海战役、渡江战役和解放上海的战役并出色完成任务，在进驻上海后的另一场看不见硝烟的战役中又一次经受住了考验。从毛泽东创作这首诗词到今天，又是半个多世纪过去了。南京路上好八连始终发扬党和人民军队的优良传统，以实际行动证明自己依然是不忘初心、永不褪色的英雄连队。“历览前贤国与家，成由勤俭败由奢”，中国共产党人的使命感和责任感，要求必须始终具备顽强的意志，面对胜利和辉煌时更要心如止水，理性冷静，谦虚谨慎，清正廉洁。这种精神在新中国成立以来特别是改革开放以来取得举世瞩目重大成绩的今天显得尤为弥足珍贵。

三、重温毛泽东诗词，坚守中国共产党人的精神家园

近些年来，“毛泽东诗词热”不断升温，是因为当前的伟大时代、伟大事业更需要伟大的精神。毛泽东高扬爱国主义旗帜，继承和创新中国历代古典诗词传统，立足恢宏壮丽的革命和建设实践，创作了具有中国气派、时代特征的不朽诗篇。他的很多诗词，读百遍、千遍也不令人感到厌倦。越是重温这些诗词，就越能感到受教益、受激励。毛泽东诗词是弘扬中国精神、激发中国力量的不竭动力，不愧是中国共产党人的精神家园。

（一）重温毛泽东诗词，毫不动摇地坚持理想信念

读毛泽东诗词，总感到有磅礴气势扑面而来，即使他的晚年之作也仍然不曾稍减。究其原因，其背后的思想精髓不是像中国传统诗歌作者那样或儒、或道、或佛，而是坚定的马克思主义。毛泽东也有常人皆备的亲情、爱情、友情，所不同的是，这情是建立在崇高的共产主义理想之上的。①坚定的理想信念鼓舞诗人开辟出新意境，在他的诗词中贯穿始终，几乎每首诗词都有充分的表达。他偏爱用“百”“千”“万”“百万”这样的大数量级量词，喜欢用“山”“水”“雪”“云”等宏伟的景物，用烘托、渲染、夸张、象征的艺术手法来体

① 丁毅：《毛泽东诗词创作与中国梦》，《党史文汇》2016 年第 3 期。

现高远的革命理想。特别是有“旗”“红旗”“旌旗”“战旗”字眼的诗词，在他的全部创作中占据了相当的篇幅。①以红旗入诗并非毛泽东的首创，但在毛泽东笔下却具有特定的美学光环。旗帜就是形象，旗帜指明方向，红旗是革命和胜利的象征。在战争时期，它指引着革命者攻无不克，所向无敌；在建设时期，它引领着建设者焕发豪情，不断奋斗。改革开放和社会主义现代化建设新时期，在党的领导下，中国取得了举世瞩目的巨大成就。在 2013 年全国政协新春茶话会上，习近平以毛泽东诗词《清平乐·会昌》中的“风景这边独好”来点赞中国改革开放以来的勃勃生机。应该指出的是，习近平当前看到的风景，是中国特色社会主义发展道路无比壮阔的宏伟远景。这是几代共产党人不懈奋斗的夙愿。今天《清平乐·会昌》的诞生地江西会昌早已摆脱了贫困，在经济、交通、贸易等方面迅速崛起，绘就了“更加郁郁葱葱”“颠连直接东溟”发展蓝图。②新时代的中国共产党人，更应该常补理想信念之“精神之钙”，坚定中国特色社会主义的道路、理论、制度和文化自信，让信仰在心头永驻。

（二）重温毛泽东诗词，矢志不移地恪守根本宗旨

毛泽东领导的事业是群体的事业，他写诗也主要是为了表现这个群体的精神。这就与表现个体生命精神的传统诗词和五四前后产生的自由体新诗鲜明地区别开来。即使是写给妻子杨开慧的诗词，他也往往将作品升华为革命献身的精神境界。毛泽东诗词中的“人民情结”的背后是党“全心全意为人民服务”的根本宗旨。在这个宗旨下形成的群众路线是中国共产党在革命战争中不断总结提炼出来的重要法宝，在建设和改革开放时期仍然发挥着巨大作用。在革命战争年代，党紧紧依靠人民群众，注重工作方法，最终以劣势装备打败了国民党军队。在建设时期，党密切联系人民群众，保持清正廉洁，在人民群众中始终具有崇高的威信。习近平在第十三届全国人民代表大会第一次会议上指出：“人民是历史的创造者，人民是真正的英雄。波澜壮阔的中华民族发展史是中

① 张大伟：《从毛泽东诗词看中国共产党人的精神境界》，《南京政治学院学报》2015 年第 5 期。

② 廖有明：《习近平引用毛泽东诗词解读》，《党史文苑》2016 年第 1 期。

国人民书写的，博大精深的中华文明是中国人民创造的，历久弥新的中华民族精神是中国人民培育的，中华民族从站起来、富起来到强起来的伟大飞跃是中国人民奋斗出来的！”①新时代的中国共产党人必须矢志不移地恪守“全心全意为人民服务”的根本宗旨，才能真正为最广大人民群众谋幸福；只有不断查找自身问题并及时整改，才能保持清廉、清正、清新的政治本色。

（三）重温毛泽东诗词，实事求是地传承科学真理

与传统东方文化以追求和谐、静穆的价值观不同，毛泽东诗词高扬战斗精神。和传统东方哲学追求“天人合一”不同，毛泽东诗词强调“能动地改造客观世界”。其主要原因，是毛泽东坚持马克思主义哲学，坚守对立统一、质变量变、否定之否定的三大规律。纵观毛泽东诗词，往往发现它总是体现着党的思想政治工作和政策策略，凝聚着马克思主义的科学精神。这些思想和策略如同璀璨的明珠，丰富了诗词的内涵，提升了诗词的境界。不仅如此，毛泽东诗词充分体现了实事求是、独立自主、统一战线等理论和智慧，闪耀着毛泽东思想的活的灵魂。毛泽东高度重视马克思主义经典理论的学习，他早在延安时期就指出：“如果我们党有一百个到二百个系统而不是零碎地、实际而不是空洞地学会了马克思列宁主义的同志，就会大大提高我们党的战斗力量。”②在改革开放新的历史时期，中国共产党人必须认真学习马列经典和党的创新理论，用以指导工作实践，并接受工作实践的检验。新时代的中国共产党人必须明白一个基本道理：人世间没有一成不变的事物，人类社会总是遵循一定的发展规律。马克思主义基本原理和习近平新时代中国特色社会主义思想一脉相承、继承发展，中国共产党只有掌握科学理论，把握发展规律，顺应进步潮流，才能推动历史不断前进。

（四）重温毛泽东诗词，持之以恒地加强党性修养

毛泽东诗词中直接描述中国共产党员党性修养的诗句并不多，但是其诗

① 习近平：《在第十三届全国人民代表大会第一次会议上的讲话》，《人民日报》2018 年 3 月 20 日。

② 《毛泽东选集》第 3 卷，人民出版社 1994 年版，第 1021 页。

词中孕育的精神境界是共产党员党性品格的生动写照，折射了共产党员的党性修养。毛泽东诗词的精神价值，在于它是东方大国一位赫赫有名的革命家、战略家、革命浪漫主义诗人主体形象的生动表现。毛泽东诗词是促进共产党人正己修身并提升人生境界的鲜活教材。在我们学习、鉴赏、吟诵毛泽东诗词的过程中，有一个深切的感受：毛泽东诗词充分展现了中国共产党人的党性修养。毛泽东对自己创作的诗词要求近乎苛刻。在创作过程中，他字斟句酌、反复推敲，虚心听取柳亚子、陈毅、章士钊、田家英等诗友以及广大群众的意见建议，尊称他们为"一字之师"甚至"半字之师"①。毛泽东对于诗词认真负责的态度是他"严于修身"的生动折射。除此之外，他注重锻炼身体，践行"野蛮其体魄，文明其精神"的健身理念；注重勤俭节约，终其一生保持非常简朴的生活习惯；对自己、子女和亲属要求严格，始终保持良好的家教和家风。由于他的率先垂范，中国共产党切实做到了清正廉洁，和国民党的贪污腐败形成了鲜明对比，成为党夺取政权、建立新中国的重要原因。在建设时期，党凭借着清正廉洁在人民心目中树立了崇高的威信，并依靠自己的力量纠正了许多缺点和错误，拨正了前进的航向。刘少奇早在1939年发表的《论共产党员的修养》中就指出："我们的党员，不但要在艰苦、困难乃至失败的革命实践中锻炼自己、加紧自己的修养，而且要在顺利、成功、胜利的革命实践中锻炼自己、加强自己的修养。"②习近平2014年3月在参加十二届全国人大二次会议安徽代表团时进一步指出："各级领导干部都要树立和发扬好的作风，既严以修身、严以用权、严以律己，又谋事要实、创业要实、做人要实。"③对于新时代的中国共产党人来说，加强党性修养必须是终生践行的必修课。

① 郭永文：《毛泽东诗词故事》，中央文献出版社1998年版，第52页。

② 刘少奇：《论共产党员的修养》，人民出版社2005年版，第45页。

③ 吴林红、黄永礼：《习近平总书记参加安徽代表团审议侧记》，《安徽日报》2014年3月10日。

第四节　毛泽东诗词研究的基本特点与发展趋势

从 20 世纪 30 年代开始，对于毛泽东诗词的研究走过了近百年的历程，堪称从涓涓细流汇入苍茫浩瀚的大海。纵观毛泽东诗词研究的发展历程，体现出以下鲜明特点和发展趋势。

一、与时俱进，体现时代足迹

毫无夸张地说，时至今日，毛泽东诗词的影响和作用依然存在，形成了一种独特的文学现象和文化现象。随着毛泽东诗词的广泛传播，对毛泽东诗词的注释与研究也在全面展开，不同时期的研究具有各自不同的特点。在革命战争年代，毛泽东诗词很长时间并不被更多人所知晓，《沁园春・雪》首次在重庆的公开发表堪称一次非常偶然的事件。在此之后，毛泽东诗词往往是靠很多同志出于特别喜爱进行秘密传抄而传播的。与之相对应，对毛泽东诗词的研究则刚刚起步，非常粗浅。蒋锡金在资料非常匮乏、国统区形势非常紧张的情况下开展研究，其视野和胆略都是非常惊人的。新中国成立后，随着《毛泽东诗词十八首》《毛泽东诗词三十九首》的相继公开发表和出版，在全国迅速出现了如饥似渴学习毛泽东诗词的热潮。对毛泽东诗词的研究也迅速升温，一时“注家蜂起”。人们注重对诗词文本的写作背景、地点、内容进行严谨而细致的考证，甚至得到了毛泽东的积极回应。这些研究给后人留下了一笔宝贵的精神财富。“文化大革命”期间，由于特殊政治原因，毛泽东诗词的传播达到了空前的规模。但大量卓有建树的学者专家因被视为“反动权威”而被打倒，毛泽东诗词仅仅被作为各种政治标签和所谓“斗争武器”，对其研究也陷入了僵化停滞的困局。党的十一届三中全会后，相当一些毛泽东生前未能发表的诗词得以公开发表，人们开始比较客观地认识和研究毛泽东诗词，由过去单纯的政治解读转向综合研究。学者从毛泽东诗词的政治意义、历史评价、哲学意蕴、思想内容、文化传承、文学创作、审美意象、精神境界等众多视角，立体地展示毛泽东诗词的全貌。

二、服务现实，发挥育人功能

对毛泽东诗词的研究，始终与现实紧密相关。在革命战争年代，毛泽东诗词的发表、论战和阐释成为反对以蒋介石为首的国民党政府的锐利武器，起到了其他艺术形式所难以企及的统战效果。新中国建立之后，毛泽东诗词的研究使人民对党的历史和中华民族奋斗史有了崭新的认识。毛泽东为新诗贴近生活、贴近群众、贴近时代，作出了示范，树立了榜样。很多毛泽东诗词研究者充分注意到诗词和毛泽东思想的辩证统一关系。一些学者把思政课教学与毛泽东诗词欣赏结合起来，向干部群众生动展现了中国新民主主义革命时期的革命道路、革命抱负和革命战争以及社会主义革命和建设时期的伟大成就，阐述了人民群众创造历史、为人民服务和世界革命等观点。正确的人生观，主要通过人生目的、人生态度和人生价值三个方面体现出来。一代伟人毛泽东的事迹很好地回答了这三大问题。毛泽东诗词的研究和教学，有助于加强对大学生的思想品德教育，实现由应试教育向素质教育的转变，也可以用毛泽东诗词引导大学生适应大学生活，引导大学生追求远大理想，引导大学生领悟人生真谛活出精气神。毛泽东诗词体现了中国革命的历史实践和社会主义建设实践，诗词内容遍及祖国名山大川，涉及诸多历史文化名人。毛泽东诗词本身就是一种红色旅游的重要资源，毛泽东在革命战争时期游历过的地方不仅留下了中国革命的印迹，成为爱国主义教育和人格教育的最佳基地，而且他的诗词还增加了这些地方诗情画意的美感和震撼人心的魅力。当前，毛泽东诗词已经成为当今旅游业发展的重要人文资源，有助于旅游业创设相应的体验情境，使旅游者获得独特难忘的美好体验和革命传统教育。总之，毛泽东诗词在当前培育中国特色社会主义建设者中能够发挥重要作用，对坚定人们的共产主义理想和树立为中国特色社会主义事业而奋斗的信念具有巨大推动作用，在引导人们践行社会主义核心价值观方面具有激励作用，在提高人们的科学文化素质和思想道德素质方面具有鞭策作用。

三、把握精髓，探究艺术魅力

随着时代的发展，对毛泽东诗词的研究越来越注重对文学艺术的探究。研究者越来越深切地感受到，毛泽东诗词穿越了历史和意识形态，展现出独特的美学风范，焕发出永恒的魅力。学者们注意到，毛泽东及其诗词是中国旧体诗词和当代新体诗歌的连接纽带，是继承优良传统和不断推陈出新的沟通桥梁，以文化魅力弥合了近现代中国诗歌时空曾一度出现的间隙和断层。学者认为，毛泽东不仅为旧体诗词形式注入了新的活力，为之争得了一席合法地位，改变了20世纪诗坛的格局，矫正了新诗发展偏颇；而且还连接上了被割断的历史文化链条，照亮了中国诗歌发展的正确航道。毛泽东诗词将革命的生活内容和完美的艺术形式有机统一，为中国诗歌正确处理内容和形式的关系树立了典范。在意象、气度、气韵和风格上，学者普遍认为他的前期作品意象新颖独特，鲜活灵动，显示出诗人从容不迫、敦厚恢宏的雍容大度；后期作品意象多奇崛磅礴，孤傲凌厉，多了些忧愤情结。在艺术的承传和特色方面，学者认为在浩如星海的众多古代诗词名家中，唐代“三李”对毛泽东诗词的影响最大。李白诗风壮美奔放，都或隐或显地影响了毛泽东的诗风。翻开毛泽东诗词，其少年斗志、壮年情怀、老年心境中像李白那样的宏远豪迈、壮气凌云的浪漫诗风扑面而来。李贺是唐代诗人中又一颗耀眼的明星，他承《楚辞》之奇丽，并受李白浪漫精神的直接影响。毛泽东《蝶恋花·答李淑一》是具有浪漫色彩的“游仙诗”，融神话传说与现实生活于一体，就很明显地受到了李贺的影响。在毛泽东诗词中，“天若有情天亦老”“一唱雄鸡天下白”等名句则直接来自李贺的诗词，并在立意上有进一步创新。晚唐诗人李商隐是一位关心政治生活、国家命运的现实主义诗人，虽有雄心，但命运多舛。20世纪60年代中后期，毛泽东受李商隐诗的感发，创作了《七绝·贾谊》和《七律·咏贾谊》两首诗，对其不幸遭遇表达深切的同情。李商隐有悼友诗《哭刘蕡》，毛泽东也创作了《七绝·刘蕡》，称赞其为“中唐俊伟”。毛泽东还喜欢李商隐的无题诗，他的七律不是很多，但每写必成华章，那精工的章法句式，不能说没受李商隐的影响。毛泽东的突出特点是赋旧曲以新意，在内容的创新方面，体现在喜欢引用富于时代性的典故，神话故事里的革命；在境界的创新方面，体现在反其意境，达到诗词创作形象思维的最高境界。

四、立足大我，展现精神品格

随着毛泽东诗词研究的逐步深入，学者深切感受到，毛泽东诗词之所以具有持久的影响力，是因为折射了他所领导和代表的中国共产党的精神境界。毛泽东是坚定的马克思主义者，从青年时期开始，他的诗词就实现了从“本我”到“超我”的转变。在进入领导核心岗位特别是成为党、国家和人民军队的领袖之后，他诗词的政治站位和视野也空前提高和扩展，诗词中的“我”往往是指英勇的红军、组织起来的人民和伟大的中国共产党。他的诗词逐渐成为中国共产党奋斗历程的光辉缩影，精神境界的生动写照。在革命和建设时期，党在奋斗历程中凝聚而成的各种精神，往往都能从他的诗词里找到生动的注脚。毛泽东诗词不仅体现着井冈山精神、苏区精神、遵义会议精神、延安精神、抗战精神、西柏坡精神，而且体现了抗美援朝精神、两弹一星精神等，为新时期共产党人发扬以爱国主义为核心的民族精神和以改革创新为核心的时代精神发挥着坚定信念、提高认识、鼓舞斗志的正能量，成为中国共产党人不忘初心、牢记使命的精神家园。

学者认为，毛泽东诗词以新中国成立为界分为前后两个时期，前期表现为争取国家独立、人民解放；后期表现为描写国家富强、人民幸福。毛泽东在救亡图存、民族复兴的过程中成为一代伟人，也成为中国文学史上独领风骚的诗人。毛泽东的诗词雄奇瑰丽、大气磅礴，浸润了亿万人的心灵，滋养了几代人的精神与情操，并日益成为人类共同分享的精神财富。他与时俱进的伟大实践活动不仅使其诗词创作历时半个多世纪仍然保持着创造活力和生命力，而且决定了他的诗词体现了革命的现实主义和革命的浪漫主义完美融合的特色以及他在诗词理论上的创新地位。毛泽东诗词中的“乐”与“忧”是辩证统一的，它们如影随形，充满着激情与忧思、豪迈与沉郁，前者表现为崇高，后者表现为悲壮。毛泽东从个人情感出发，到抒写政党、阶级、人民的忧思，再升华为对国家前途、民族命运、人类未来终极忧患的华章。

五、凸显自信，挖掘文化底蕴

近些年来，学者认为毛泽东诗词是以毛泽东为首的中国共产党人践行马克思主义文化思想的成功范例。毛泽东继承和发展了马克思、恩格斯、列宁的文化思想。毛泽东诗词是以毛泽东为首的中国共产党人践行马克思主义文化思想和中国传统文化思想的成功范例和生动展示，充分体现了中国共产党的文化自信。毛泽东继承和发展了中华古典诗词的优良传统，用传统的文学形式表达鲜活的时代内容，充分表达了中国气派和中国风格。此外，毛泽东诗词融入了中国共产党人和当代中国人的精神文化生活的内涵，是我国社会主义核心价值观的诗意表达，鼓舞全国各族人民继续探索建设美好幸福生活的中国特色社会主义道路。毛泽东诗词凝聚中国梦，深刻展示了中国梦的理想境界、赤子之心和人间正道，激励着新一代共产党人在民族复兴的道路上不懈奋斗、不断前进。

在世界范围，毛泽东诗词的读者层和研究人员往往包括四种：一是海外学子、华人华裔，二是日本和西方学术界的学者、诗人以及汉学家，三是西方发达国家的元首和政要，四是广大亚非拉发展中国家的民族精英和知识分子。毛泽东诗词是世界人民感受毛泽东和新中国的一个艺术窗口，丰富了人类精神文明的智慧宝库，是中国古老独特的民族文化形式与现代社会生活完美结合的诗歌精品，是向世界传播中华文明和先进文化的视窗和桥梁。从近现代的历史视角看，近代以来中华文化的日趋保守，与综合国力的积贫积弱直接有关，而马克思主义在中国的传播，给中华优秀传统文化注入了生机和活力。毛泽东诗词和以他为首的老一辈无产阶级革命家诗词共同完成了中国共产党人文化自信的重塑，他们继承了中华优秀传统文化，反映了革命文化，并启迪了社会主义先进文化，它像一条红线贯穿中国特色社会主义文化的全部内容。虽然仅仅是一种文学样式——诗词，但它以浓缩的文学精华涵盖了深厚的时代背景、历史底蕴、内容主旨、创作技巧、艺术特色、美学鉴赏、社会影响等诸多方面的要素，对中国特色社会主义文化建设具有深刻启示，永远值得我们深入挖掘和发扬光大。

第一章　从毛泽东诗词看中国共产党人的革命斗争精神

在毛泽东诗词中，始终洋溢着一种奋发向上的革命斗争精神。毛泽东通过诗词艺术体现了坚决斗争、敢于斗争、乐于斗争和善于斗争的奋斗姿态和进取精神，其原因固然与个人经历、地域文化、革命任务、严酷环境等影响直接有关，但究其根本原因则是在他成为马克思主义者特别是党的领袖之后，在思想上发生的深刻变化。毛泽东诗词中的斗争精神，对于新时代中国共产党人“必须进行具有许多新的历史特点的伟大斗争”具有重要的现实意义。我们既要努力克服回避矛盾和逃避斗争的思想，也要注意斗争的艺术和方法。

“中庸”是中国古代哲学的一个重要价值理念，反映在诗词等文学创作中，往往非常讲究温柔敦厚、怨而不怒、哀而不伤，很少涉及激烈的斗争与冲突。毛泽东则独辟蹊径，写诗填词中突破“中庸”的束缚，有意识地表现对抗，展示冲突，展现出斗争与和谐的辩证统一。毛泽东诗词的这一鲜明特征，生动折射了中国共产党人在革命和建设时期的斗争精神，这在当前实现中华民族复兴的伟大事业中也具有重要现实意义。

第一节　毛泽东诗词中革命斗争精神的生动体现

早在 1917 年，在湖南省立第一师范学校求学的毛泽东就在日记里写下敢于、乐于和一切事物作斗争的人生誓言：“与天奋斗，其乐无穷！与地奋斗，其乐无穷！与人奋斗，其乐无穷！”（《四言诗·奋斗》）。这是他为《伦理学原理》作批注时所写，这种与天、地和人不懈奋斗并乐在其中的斗争精神，贯穿了他的全部诗词[①]。

一、针锋相对，坚决斗争

毛泽东诗词创作的时间跨度长达半个世纪，内容涵盖新中国成立前后各个历史发展阶段，并对革命历程中发生的大事，如第一次国共合作、秋收起义、井冈山的斗争、根据地建设、红军长征、团结抗日、保卫延安、解放南京、抗美援朝等均有不同程度的艺术概括，无不是各种形式的斗争描写[②]。毛泽东诗词中的"征腐恶""把鲲鹏缚""缚住苍龙"等，充分表达了对反动势力主动而坚决的斗争。斗争最激烈的井冈山、中央苏区和长征时期，是他诗词创作的第一个高潮时期。

在井冈山和中央苏区时期，红军面临国民党各路军阀不断地"进剿""追剿""会剿""围剿"，生存条件极端困难，但是毛泽东带领红军始终坚持进行灵活的游击战争，创作的诗词表现出英勇顽强的斗争品格。在 1930 年 1 月创作的《减字木兰花・广昌路上》中，他用"漫天皆白，雪里行军情更迫"充分表达了红军战士积极求战的心态，"命令昨颁，十万工农下吉安"赞颂了其旺盛的战斗力和果敢的执行力。在同年 9 月创作的《蝶恋花・从汀州向长沙》中，他用"百万工农齐踊跃，席卷江西直捣湘和鄂"表现了工农群众和红军信心百倍、势如破竹的旺盛斗志，"国际悲歌歌一曲，狂飙为我从天落"则把斗争带入悲悯苍凉的雄浑境界。

长征路上，毛泽东诗词中的斗争精神不断升华。在两万五千余里的长征路上，红军面临无数大大小小的战斗，但毛泽东诗词却很少专门描写某次具体的战役。其中的《七律・长征》以全景性的眼光回顾红军经历过的艰难险阻和胜利在望的喜悦心情。"万水千山只等闲"中的"等闲"二字将红军蔑视困难的信心溢于言表，"五岭逶迤腾细浪，乌蒙磅礴走泥丸""金沙水拍云崖暖，大渡

① 铭心：《毛泽东诗词鉴赏全集》，新疆人民出版社 2003 年版，第 15 页。

② 周振甫：《毛泽东诗词欣赏》，中华书局 2010 年版，第 56 页。

桥横铁索寒”则夸张地描写了红军翻山越岭、抢关夺隘、毫不畏惧任何困难的斗志。《忆秦娥·娄山关》是又一篇气势雄浑的旷世佳作。“雄关漫道真如铁，而今迈步从头越”表达了红军敢于克服一切艰难险阻的豪情；“苍山如海，残阳如血”抒发了红军愿意付出一切代价的悲壮情怀。词家普遍认为，诗词最后“苍山如海，残阳如血”所展现的境界超过了唐朝李白《忆秦娥》中的“西风残照，汉家陵阙”，成为千古绝唱。

二、注重方法，善于斗争

毛泽东是诗人，但更是党、国家、人民军队的领袖。他一生对哲学都有非常深入的学习和研究，这就决定了他与中国古代一些浪漫主义诗人的诗歌风格迥然不同。由于具备深厚的哲学积淀，他在创作的时候对作品主旨有着较为清醒地认识，对反映对象也能作出比较客观的评价，创作时的心境往往也是相对平和的。他有时虽然也抒发激烈而亢进的情感，但基本上能够进行较为理性的控制和引导。在诗词中，他往往洞察局势，立足实际，情感的抒发寓之于理、晓之以情，而不是像塞万提斯笔下的堂吉诃德那样无谓的斗争，或像某些才子诗人那样作任性而为、不着边际的空喊。

毛泽东在对敌斗争中讲究辩证法，强调“在战略上藐视敌人，在战术上重视敌人”，在很多诗词中都有鲜明表现。《西江月·井冈山》描写了保卫黄洋界的战斗经过，总结了红军“森严壁垒、众志成城”的游击斗争战术。《清平乐·蒋桂战争》描写了开辟闽西革命根据地的过程，指明了红军“红旗跃过汀江，直下龙岩上杭”的斗争策略。《渔家傲·反第一次大“围剿”》《渔家傲·反第二次大“围剿”》形象地展示了红军“撒开两手，诱敌深入”的军事斗争方针，用“齐声唤，前头捉了张辉瓒”和“有人泣，为营步步嗟何及”嘲讽了敌人被动挨打、处处碰壁的丑态，展现出红军捕捉时机、善于斗争的智慧。

毛泽东的统一战线理论堪称是我党的一大法宝，他认为做任何工作都要团结最大多数的群众，并最大限度地孤立敌人。

第二节　毛泽东诗词中革命斗争精神的历史缘由

毛泽东诗词中的斗争精神受到他早年叛逆的个人经历和出身地湖南尚武精神的影响，但究其根本，是他在成为一名坚定的马克思主义者后特别是逐步成为中国共产党领袖之后在思想上发生了深刻的变化。

一、中国共产党人认为斗争是人类社会永恒的主题

在中国共产党人信奉的马克思主义原理中，对立统一规律是三大规律中的第一规律。它又被称为矛盾规律，认为任何事物内部以及事物之间都包含着矛盾，正是矛盾双方的斗争与统一，推动着事物的运动、变化和发展。对立统一规律具有深远的哲学传统。早在古希腊时期，哲学家赫拉克利特就认为一切都是经过斗争产生的；到了近代，德国哲学家黑格尔认为矛盾是推动整个世界的动力。马克思批判地继承了以上学说，进一步指出对立面之间的相互斗争是促成新事物否定旧事物的决定力量。正是在这一规律的基础上，逐步产生了质变量变规律和否定之否定之规律。毛泽东在延安深入学习马克思主义基本原理后写下了《矛盾论》这一光辉巨著，在他看来，美与丑、善与恶、新生与腐朽、进步与反动，如影随形，始终相伴而生相伴而行。

毛泽东曾经说过，他在1920年已经是一个坚定的马克思主义者了①。在漫长的革命生涯中，他坚守自己的信仰，从未动摇过。作为深受中华传统文化影响的中国共产党领袖，他吸收道家《易经》中阴阳对立促进发展的思想，同时进行唯物主义的改造，提出人民的逻辑就是："斗争，失败，再斗争"——

① 1920年5月，毛泽东来到上海，到老渔阳里2号拜会了陈独秀，后者向前者详细论述了自己的马克思主义信仰和主张，使其思想上受到巨大震撼。7月，毛泽东奉命回湖南建立共产党早期组织。因此，毛泽东认为自己在1920年就是一个坚定的马克思主义者了。

“再失败，再斗争”——“直到胜利”①。正如《七律·人民解放军占领南京》结尾“天若有情天亦老，人间正道是沧桑”的诗句，他坚信“民主战胜独裁、正义战胜邪恶”是历史的发展趋势。他在各种压力和冲突面前始终保持镇定，从容不迫地面对各种严酷的斗争。

二、中国共产党在领导民族解放斗争中肩负舍我其谁的历史担当

在鸦片战争以来的近百年间，中华民族积贫积弱，逐步堕入半封建半殖民地的深渊。一代代中国人奋起反抗，虽然在不同程度上推动了社会的发展，但都未能从根本上改变中国的落后命运。中国共产党的诞生，在历史上是开天辟地的大事。在中共一大上，我们党就提出“直至阶级斗争结束为止，即直到社会的阶级区分消灭为止，承认无产阶级专政”的第一个纲领。在中共二大上，党确立其最低纲领为“反帝反封建、建立新中国”，最高纲领则是“解放全人类，实现共产主义”②。一个代表无产阶级利益、从一开始就具有雄心壮志的政党，必须具备敢于斗争的政治担当。

毛泽东在中华民族倍受凌辱的背景下走过了青少年时代，逐步形成了叛逆和反抗的性格。在成为马克思主义者之后，他深入进行广泛的社会调研，对于民族解放的艰巨性有了更加深刻的认识。在毛泽东看来，要改变旧中国的贫穷落后，必须以伟力荡涤陈腐的思想观念，奋力打破旧的国家机器和社会秩序，从根本上实现国民性的更新与再造，才能锻造一个劳工神圣的新世界。他在1925年创作《沁园春·长沙》中提出“问苍茫大地，谁主沉浮”的质问，在1936年创作的《沁园春·雪》中作出了“数风流人物，还看今朝”的自信回答。毛泽东的诗词始终高举理想信念的大旗，始终洋溢着舍我其谁的历史担当，始终展现敢于斗争的蓬勃精神。

---

① 季世昌：《指点江山——毛泽东诗词故事》，当代中国出版社2014年版，第58页。

② 中共中央党史研究室：《中国共产党历史》第1卷（1921—1949）上册，中共党史出版社2011年版，第24页。

三、中国共产党人面临极端险峻形势必须以斗争求生存

中国共产党在夺取国家政权的过程中经历的各类艰难险阻，在世界政党史上是罕见的。在漫长的革命岁月中，党多次遇到中外反动势力的围追堵截，党率领的人民军队多次处于命悬一线的险境，形势万分危急。在夺取国家政权之后，党所创立的新中国面临着帝国主义的严重封锁，后来又受到大国沙文主义的排斥挤压，一度处于非常孤立的境地。严酷的客观现实，使得中国共产党人只有一次次奋起反抗、英勇斗争，才能杀出一条血路，在夹缝中求生存。恩格斯曾经说过："哪里有剥削哪里就有反抗，哪里有压迫哪里就有斗争。"[①]备受压迫的中国共产党人的奋起反抗与坚决斗争，正是推动历史前进的根本动力和最终胜利的希望所在。

严峻的国际国内形势，使毛泽东拿起了如椽诗笔，奋力抒写惊天地、泣鬼神的壮美篇章。他的数十首诗词，展现了中国共产党的武装斗争史，更展现了一部近代以来中华民族不甘沉沦、救亡图存的复兴史。为了表现斗争，毛泽东在诗词中极力书写冷兵器时代的"刀"与"剑"，比如《十六字令三首》中的"刺破青天锷未残"，《念奴娇·昆仑》中的"安得倚天抽宝剑"，《六言诗·给彭德怀同志》中的"谁敢横刀立马"，《七绝·屈原》中的"手中握有杀人刀"，《纪念鲁迅八十寿辰》中的"刀光剑影任翔旋"等等。他始终认为，只有通过极其艰苦的流血牺牲，才能扫清"腐恶"和"虎豹"，建立人民当家作主的新政权。只有通过极其英勇的不懈战斗，才能打退"魔怪"和"熊罴"，新中国才能站稳脚跟。

四、中国共产党人不畏惧任何艰难困苦的斗争

中国共产党人在革命时期所表现出的大无畏革命精神，在世界政党史上也

① 《马克思恩格斯选集》第1卷，人民出版社1994年版，第152页。

是罕见的。据民政部门统计，党在革命时期牺牲的有名可查的烈士就有 370 万人之多。在革命时期，党先后涌现了李大钊、恽代英、左权、狼牙山五壮士、刘胡兰等众多英雄模范，形成了井冈山精神、长征精神、延安精神等众多伟大精神。对于优秀的共产党人来说，要和国内外形形色色的阶级敌人作斗争，要和看得见看不见的各种困难作斗争，要和党内同志的错误认识、党外朋友糊涂观念作斗争，要和自身存在的各种缺点不足作斗争，有时也要和自己的个人情感作斗争。共产党人也是人，也有深厚的爱情亲情，但是有时就是要不得不痛苦地割舍个人情感与家庭幸福，义无反顾地投身到伟大的革命事业当中去。

由此出发，毛泽东诗词中提到了不少可歌可泣、可亲可敬的共产党人，如革命先烈杨开慧、柳直荀，优秀指战员黄公略、彭德怀、罗荣桓。他倾力塑造并热情讴歌更多的是无名烈士、普通党员、工农大众的群像。这些诗词展现出的藐视困难、不屈不挠、不怕牺牲、前赴后继的革命斗争精神，一扫中国历代传统诗词中温柔敦厚、缠绵悱恻的情感基调，所塑造的人物形象在此之前可以说是绝无仅有的。

第三节　毛泽东诗词中革命斗争精神的当代启示

斗争精神是毛泽东诗词的鲜明特征。在他的诗词中，你看不到沮丧，听不到叹息，始终是积极向上、昂扬进取，字里行间张扬着浩然之气，洋溢着满满的正能量。这种斗争精神，其实就是毛泽东的内在精神，也是中华民族精神的生动折射。它对于当代中国共产党人具有重要的现实意义。中国共产党有一个难能可贵的优良传统，这就是永远奋斗。进入新时代，在毛泽东诗词的革命斗争精神激励下，我们依然要不忘初心、牢记使命，永远奋斗。

一、深入学习马克思主义理论，充分理解斗争精髓

2018 年 4 月 23 日，中共中央政治局集体学习的主题为“《共产党宣言》及

其时代意义”。习近平在主持讲话中高度赞颂《共产党宣言》为“科学洞见人类社会发展规律”和“充满斗争精神、批判精神、革命精神”的经典著作。[①]正如马克思在《关于费尔巴哈的提纲》中所写的那样：“哲学家们只是以不同的方式解释世界，而问题在于改造世界。”[②]马克思主义哲学就其根本来说是批判的哲学，只有斗争才能改造主观和客观世界。“东方欲晓，莫道君行早”（《清平乐·会昌》）。在革命战争年代，以毛泽东为首的中国共产党人刻苦学习马克思主义理论，并把它与中国革命实践真正结合起来，使中国找到了民族独立的道路。新时代的中国共产党人，学习马克思主义理论仍要下苦功夫、真功夫，不能仅仅把它用于武装嘴巴，而是要武装头脑、真正指导实践。这就要求深刻理解马克思主义唯物辩证法的斗争精髓，充分把握其科学性、革命性和批判性，做到主体向度和客体向度的辩证统一。

二、积极承担民族复兴的重任，准备进行新的伟大斗争

党的二十大报告指出，我国改革发展稳定面临不少深层次矛盾躲不开、绕不过，党的建设特别是党风廉政建设和反腐败斗争面临不少顽固性、多发性问题，来自外部的打压遏制随时可能升级；必须准备经受风高浪急甚至惊涛骇浪的重大考验。报告要求坚持发扬斗争精神，增强全党全国各族人民的志气、骨气、底气，依靠顽强斗争打开事业发展新天地。[③]早在长征时期，毛泽东在《忆秦娥·娄山关》中曾写下“雄关漫道真如铁，而今迈步从头越”的豪迈诗句。诚然，党在革命、建设和改革开放的历史进程中固然曾经取得巨大成就，但是未来的任务依然非常艰巨，中华民族的伟大复兴绝不是一蹴而就的。新时代的中国共产党人，虽然处在和平年代，但仍要在平常的时候看得出来，关键的时

① 习近平：《在中央政治局第五次集体学习上的讲话》，《人民日报》2018 年 4 月 25 日。

② ［德］恩格斯：《路德维希·费尔巴哈和德国古典哲学的终结》，人民出版社 2014 年版，第 62 页。

③ 《中国共产党第二十次全国代表大会文件汇编》，人民出版社 2022 年版，第 26 页。

候站得出来，在危急的时候豁得出来，有时甚至要不惜流血牺牲。

三、努力克服逃避矛盾和消极懈怠的思想，持之以恒开展斗争

1949年3月，毛泽东在中共七届二中全会上警告全党在胜利后必须提防“骄傲情绪”“以功臣自居的情绪”“停顿起来不求进步的情绪”“贪图享乐不愿再过艰苦生活的情绪”等四种情绪的不良影响。为此，他向全体党员干部提出“两个务必”，即：务必保持谦虚、谨慎、不骄、不躁的作风，务必保持艰苦奋斗的作风。①这对于新中国成立后党的建设产生了深远的影响，在当前仍具有现实意义。在“四大风险”和“四大挑战”面前，党员干部中贪图享受、消极懈怠、回避矛盾的思想和行为始终存在。“梅花欢喜漫天雪，冻死苍蝇未足奇。”（《七律·冬云》）新时代的中国共产党人，要敢于在大风大浪中锻炼自己，要愿意在基层一线和困难艰苦的地方磨炼自己的意志，增长自己的专业和综合能力。这就要求共产党人把理论教育和党性教育作为自己的必修课，不断增强党性修养，始终保持昂扬向上的蓬勃朝气，以钉钉子的精神持之以恒地做好各项工作。

四、客观对待前进中的问题和困难，注重斗争的艺术和方法

1978年12月，党召开十一届三中全会，果断结束“以阶级斗争为纲”，实现党和国家工作中心战略转移。1981年6月，党在十一届六中全会上通过了《关于建国以来党的若干历史问题的决议》，指出“阶级斗争已经不再是社会的主要矛盾”，但“仍在一定范围内长期存在，在某种条件下还有可能激化”，并提出新时期社会的主要矛盾是“人民日益增长的物质文化需要同落后的社会生产之间的矛盾”②。“年年后浪推前浪，江草江花处处鲜”。（《七律·洪都》）党

① 《毛泽东选集》第4卷，人民出版社1994年版，第1252页。

② 《关于建国以来党的若干问题的决议》，人民出版社1981年版，第14页。

的二十大报告深刻指出，我们的工作还存在一些不足，面临不少困难和问题。主要有：发展不平衡不充分问题仍然突出[①]，等等。新时代的中国共产党人，要深刻认识到斗争与和谐是对立统一的，当前很多矛盾并非敌我矛盾而是人民内部矛盾，应该竭尽全力团结最广大的人民群众，努力形成最大同心圆和公约数。同时，对于阶级斗争不能掉以轻心，要以阶级分析的方法深刻认识意识形态、反腐败、国际形势等领域的问题根源，旗帜鲜明地进行各种斗争。

① 《中国共产党第二十次全国代表大会文件汇编》，人民出版社 2022 年版，第 14 页。

第二章　从毛泽东诗词看中国共产党人的乐观主义精神

乐观主义是一种价值定义，乐观主义者可以忍受失败，可以忍受别人的讥讽，他们心中只装着那个最终的目标，并且坚信胜利一定属于自己。对于革命者来说，乐观主义是无产阶级世界观和人生观的表现之一，指革命者对事业、前途和生活充满信心的精神面貌。乐观主义精神是毛泽东诗词的鲜明特点，对于新时代中国共产党人决胜小康、攻坚克难、努力实现中国梦具有巨大的现实意义。近些年来，国际形势诡谲变幻，给我国经济社会发展增加了很多变量，一时有黑云压城、浓雾锁江的迷茫之感。在暂时的困难面前，稳住阵脚、保持乐观主义精神就显得弥足珍贵。

第一节　毛泽东诗词中乐观主义精神的艺术表现

纵观毛泽东的一生，无论置身何种环境，不管面临多大困难，他总是充满必胜信心，这在诗词中有鲜明体现。个人以及革命和建设的低潮期，往往是他诗词创作的高潮期。环境越恶劣，敌人越凶恶，斗争越艰苦，个人的处境越艰难，毛泽东越是对前途充满信心，越能在诗词中迸发出昂扬向上、积极进取的革命乐观主义的光华。

一、在人生失意时从不消沉怨叹

毛泽东一生命运坎坷，但在失意时从不消沉怨叹。特别是在大革命失败后，中国革命处在艰难的生存和抗争之中，毛泽东此时的政治命运也风雨飘摇，其正确主张被扣上了“狭隘经验主义”“富农路线”“机会主义”等来势汹汹的大帽子，党内军内各项政治职务被一撤再撤，身体上则不断受到各种疾病的困扰。在非常失意的人生处境中，毛泽东始终对前途充满自信，这在许多诗词中有鲜明的表现。

1928 年 3 月，毛泽东被中共湘南特委指责为“工作太右”“烧杀太少”，甚至被错误地宣布开除党籍。他在巨大的精神压力下，继续埋头革命工作，根据地建设得到迅速发展。《西江月·井冈山》是为庆祝黄洋界保卫战胜利而作，“敌军围困万千重，我自岿然不动”的诗句浓墨重彩地渲染了红军在战斗中的高昂士气和必胜信念。词题不用“黄洋界”而代之以“井冈山”，充分表达了他对农村包围城市、建设革命根据地的“井冈山道路”的自信。①1929 年 6 月，毛泽东在红四军第七次党代会上落选前委书记，再加上身患疟疾，不得不到闽西永定牛牯扑一带养病。他在这一年 10 月在上杭临江楼创作的《采桑子·重阳》表现了高昂的乐观主义精神，“今又重阳，战地黄花分外香”的诗句是对红军战士的赞美，更是对战斗人生的颂扬。

1932 年 10 月，毛泽东在宁都会议后被剥夺党内军内所有职务。毛泽东时年 40 岁，陷入极端的苦闷中。他在后来回忆这段孤独岁月时说：“连鬼都不上门一个。”②他在此后三年中创作的《菩萨蛮·大柏地》（写于 1933 年夏）、《清平乐·会昌》（写于 1934 年夏）却在郁闷的心境中写出欢快明丽的诗句。前者是对四年前发生在大柏地的伏击战战场的回忆，“当年鏖战急，弹洞前村壁。装点此关山，今朝更好看”，触景生情，充满意趣。后者以“东方欲晓，莫道君行早”起句，暗示“黑暗即将过去，光明即将来临”，结句的“战士指看南粤，更加郁郁葱葱”更加展示广阔无垠的空间，展现出作者博大的胸襟，与当时的严峻形势和人生失意形成了鲜明的对比。

---

① 吴直雄：《活用马列坚信念　逆境赋诗显精神——论毛泽东在井冈山和中央革命根据地时期的诗词创作》，《南昌大学学报》2008 年第 2 期。

② 季世昌：《指点江山——毛泽东诗词故事》，当代中国出版社 2014 年版，第 142 页。

二、在艰苦的戎马生涯中奋力自强

毛泽东戎马一生，被称为“马背上的诗人”。艰苦的军旅生活，激发了他自强的性格。井冈山和中央苏区时期是红军生存条件极端困难的时期，弱小的红军不断面对敌人“进剿”“会剿”“围剿”。红军在第五次反“围剿”失败后被迫进行的长征，堪称是人类文明史上最为艰苦卓绝的行军之一。中央红军的人数在离开中央根据地时有八万多人，但抵达陕北根据地时仅剩约八千人。这个时期是毛泽东诗词创作最多的时期，有很多是“在马背上哼成的”①。在艰苦的行军中，毛泽东对胜利始终充满信心，很多诗句洋溢着奋力自强的感召力。

毛泽东在血战湘江进入广西之后创作的《十六字令・三首》，通过对山的险峻、广阔、高耸的形象描写，塑造了红军战胜艰难险阻的英雄形象。诗词看似写山，实际上是展现作者自立、自信、自强的精神世界。《忆秦娥・娄山关》写的是红军重占遵义城、攻克娄山关的战斗。作者对这首词的自注是：“万里长征，千回百折，顺利少于困难不知有多少倍，心情是抑郁的。”②但是毛泽东在词中充分表达了藐视困难、敢于同困难作斗争的英勇气概。在《七律・长征》中，他用史诗般的气概极其雄浑地表现红军的伟大战斗历程。首联“万水千山只等闲”中的“等闲”二字充分表现了奋力求生存的顽强斗志，接着用“腾细浪”“走泥丸”表达蔑视一切困难的宏伟气魄，堪称乐观主义的精品。

红一方面军在翻越岷山后，虽然暂时摆脱了困境，但依旧面临西北马步芳、马鸿逵军阀的围追阻截，形势依然是危急的。然而毛泽东对革命的前途始终充满自信。他在翻越六盘山时创作的《清平乐・六盘山》中“今日长缨在手，何时缚住苍龙”的词句，宛若让人提前听到“打败蒋介石，解放全中国”的口号声。词中的“不到长城非好汉”，用双重否定大大加强誓言的决心和力量，堪称是对当时张国焘逃跑投降主义路线的鲜明对照和有

① 臧克家：《毛泽东诗词鉴赏》（增订版），河南文艺出版社 2005 年版，第 79 页。

② 胡国强：《毛泽东诗词疏证》，西南师范大学出版社 2016 年版，第 68 页。

力斥责①。毛泽东写于1936年2月东征期间的《沁园春·雪》描绘了祖国壮丽的山河，并对诸多著名开国或中兴时期的封建君主进行逐一点评，发出了自鸦片战争以来中华民族的最强音。须知当时党和红军的力量依然非常弱小，“数风流人物，还看今朝”的诗句就显得格外气魄雄浑。

三、在复杂的政治困境中保持自立

中共二大通过《中国共产党加入第三国际决议案》，成为共产国际的支部。如何在共产国际的指导下结合中国国情走出新路，始终是早期中国共产党领导人非常纠结的问题。毛泽东深深地热爱并熟悉自己脚下的土地，始终坚持独立自主，即使备受政治打击也不愿屈服。发之于诗，就显得格外倔强。他在诗词中偶尔也表现某些迷茫，但最终总是表现出激昂的革命豪情。豪放和乐观，堪称是贯穿这类诗歌的主线。

《沁园春·长沙》作于1925年春，此前毛泽东受共产国际和党内路线排挤，从上海回湖南养病半年，后又去广州就任国民党中央宣传部代理部长，途经长沙。毛泽东在词中一扫传统诗词中常体现的肃杀秋愁，描写了绚丽壮丽的湖南秋景，抒发了革命必胜的壮志豪情。特别是上阕结尾的“怅寥廓，问苍茫大地，谁主沉浮”和下阕结尾“曾记否，到中流击水，浪遏飞舟”的诗句，表现了自己及同志们驾驭中国航船的决心和信念。《菩萨蛮·黄鹤楼》作于1927年春夏之交，当时召开的中共五大由于盲目接受共产国际顾问的指示，未能在关键时刻起到力挽狂澜的作用，轰轰烈烈的大革命正处在失败的前夕。毛泽东虽然提出了农民运动和武装斗争的正确意见，但没有受到赞同。面对复杂的政治局势，诗人感到“一时不知如何是好”，只能登上岳阳楼一吐胸中块垒②，词的上阕中的“烟雨莽苍苍，龟蛇锁大江”充分渲染了沉重、郁闷的气氛，但悲观和失望的情绪是短暂的，毛泽东在下阕“把酒酹滔滔，心潮逐浪高”作结，

① 丁毅：《毛泽东的长征诗词和毛泽东精神》，《党的文献》2006年第6期。

② 中共中央文献研究室：《毛泽东诗词集》，中央文献出版社1996年版，第78页。

充分展示了乐观豪迈、英勇顽强的斗志。

四、在胜利的喜悦氛围中注重自省

“乐”和“悲”是对立统一的。毛泽东诗词中的乐观主义精神之所以感人至深，在于它往往并不是盲目乐观，一味激昂高亢、高歌猛进，而是建立在对现实的深入分析和准确判断基础之上。在革命战争年代取得战斗胜利或在社会主义建设时期取得一些成绩的时候，毛泽东诗词在体现豪迈、兴奋、激情的同时，往往注入了哲学的思考和深刻的忧患意识，使诗词更加具有宽广的视野和深厚的底蕴。

1930 年 7 月，红色根据地和红军力量不断发展壮大，但是“立三路线”的“左”倾思想又逼迫红军盲目攻打大城市，幻想在短时间就可以“饮马长江，会师武汉”。毛泽东当时创作的《蝶恋花・从汀州向长沙》中描述了广泛发动群众、扩大红军力量的大好形势，但结尾用“国际悲歌”的诗句使诗情转入慷慨悲壮，暗喻前进道路充满曲折艰险。毛泽东 1935 年初写《忆秦娥・娄山关》时，红军在长征中第一次取得巨大胜利，在娄山关首战歼敌一个师，到遵义夜战又歼敌一个师。词中“从头越”是与战斗后的胜利喜悦和豪情相一致的，“苍山如海，残阳如血”则暗示新的革命征程还要继续付出生命和鲜血的代价，气势更加雄浑。他在 1949 年渡江战役中创作的《七律・人民解放军占领南京》写出了“百万雄师过大江”摧枯拉朽的豪迈气概，但同时提醒不要像楚霸王那样追图虚名，结尾再提正义战胜邪恶、民主战胜独裁的“人间正道”。一波三折、进退有据，豪情和反思相得益彰。

第二节　毛泽东诗词中乐观主义精神的深刻根源

有别于中国传统诗歌的温柔敦厚，毛泽东诗词总有磅礴气势迎面而来，即使晚年之作仍然壮心不已。毛泽东诗词贯穿了毛泽东的一生，写尽了毛泽东为国家富强、民族复兴不懈奋斗的一生。毛泽东诗词受到共产主义理想的鼓舞，他诗词中体现的乐观主义精神，有个人和地域的因素，但其根源主要在于他所领导和存在的这个群体。

一、中国共产党人的坚定信仰，为毛泽东诗词注入了真理力量

革命的道路固然曲折而漫长，共产党员个人也常常遇到生命危险或蒙受不白之冤，但始终对党组织保持绝对忠诚。这在党的早期领导人身上表现得特别明显，不当领导人就做普通干部，犯了错误就努力纠正，暂时不被理解也不牢骚满腹，即使一贫如洗也不丧失党性和气节，这在当时具有普遍性。据毛泽东自己说，他在多方比较、慎重选择后加入中国共产党，即成为一个坚定的马克思主义者，信仰终其一生没有动摇。在漫长的革命生涯中，他曾经多次受到不公正的对待。特别是在“左”倾路线统治全党时期，他的处境曾经极为艰难[①]。尽管如此，他仍丝毫没有动摇坚定信仰和必胜信念，这成为他诗词中乐观主义精神的重要来源。

因为有坚定的马克思主义信仰，他坚信人类社会的发展规律是不断向前发展的，新事物终将战胜旧事物，革命终将战胜反革命，今天一定会胜过昨天。因为有坚定的马克思主义信仰，他相信事物的发展往往是“波浪式前进，螺旋式上升”，革命的道路虽然曲折而漫长，但胜利和光明最终将会到来。也因为有坚定的马克思主义信仰，毛泽东把自己的一些人生失意置之度外。坚定的信仰为毛泽东诗词注入了真理的力量。发之于诗词，毛泽东喜欢用“清平乐”“沁园春”这样基调高扬的词牌。就诗词内容来说，即使前半部分仍表现心情郁闷，但到诗词后半部分往往意境一转，表达出雄心壮志，体现出乐观自信的精神面貌。

① 陈晋：《破围与开辟：从历史主题、美学主题到精神意象——毛泽东井冈山和中央革命根据地时期诗词》，《党的文献》2007 年第 6 期。

二、中国共产党人的人民史观，为毛泽东诗词注入了群体力量

中国共产党人坚信人民创造历史，只要紧紧依靠群众，就会凝聚成蓬勃的伟力，就没有克服不了的困难。与之相对应，党的根本宗旨是“全心全意为人民服务”，主要工作是努力维护人民群众的权益。毛泽东非常重视人民群众的力量，注重发挥广大人民群众的力量。早在1936年夏，埃德加·斯诺就饱含感情地向世界揭示道：虽然毛泽东“在这个运动中处于支配地位，但是你看不清他作为个人的存在……不再是我，而是我们；不再是毛泽东，而是红军；不再是个人经历的主观印象，而是一个关心集体命运盛衰的亲历者的客观史料记载”①。毛泽东的人民史观，使他不断能够感受到来自群众的力量，成为他诗词中乐观主义精神的主要来源。

毛泽东诗词是在他成为马克思主义者之后发生了根本的变化，开始从个人走向群体，从“小我”走向“大我”。②与妻子杨开慧的离别诗中，他逐渐不再停留在儿女情长，而是与革命事业联系起来。在悼念杨开慧的诗词中，他固然视她为心爱的妻子，但更将她看成自己引以为骄傲的同志和英雄。他把诗笔逐渐转向了“工农”“战士”和“战友”，描写人民群众参加斗争、进行农业生产的场景，讴歌人民群众的反抗精神，赞扬劳动人民的力量。有的诗词虽然写的是“我”，但已经是整个红军、人民群众的化身和代表，体现出崇高美。他写诗的目的也不再仅仅只是浇心中块垒，更在于鼓舞士气。③

三、中国共产党人的良好学风，为毛泽东诗词注入了实践力量

中国共产党自成立之日起，就逐步形成了勤奋学习、学以致用的良好学

① ［美］埃德加·斯诺：《西行漫记》，解放军文艺出版社2012年版，第82页。

② 汪建新：《毛泽东诗词的时代价值和现实意义》，《红旗文稿》2015年第24期。

③ 曹应旺：《从毛泽东诗词看毛泽东思想的发展脉络》，《毛泽东研究》2017年第3期。

风。在延安整风期间，毛泽东先后撰写了《改造我们的学习》《反对党八股》等重要文献，使良好学风发扬光大。毛泽东是中国共产党人良好学风的表率。他在离开故乡后来到长沙，在湖南第一师范进行了长达五年的勤奋学习，为将来的革命生涯打下了深厚的基础。从湖南一师毕业后，他逐步开启了职业革命家颠沛流离的戎马生涯。在繁忙的工作、战斗之余，他依然手不释卷，勤奋苦读。他多次在批示中提出不再连任国家主席，主要目的就是希望能够摆脱繁琐事务，以便集中精力研究问题。①除了马列著作之外，他读得最多的是中国古代经、史、子、集，特别是史学著作。从 20 世纪 50 年代初到逝世的长达二十多年时间里，他不仅通读《二十四史》，还对书中许多重要人物的传记反复阅读了很多遍②。

毛泽东的勤奋读书是和深入调研紧密结合起来的。早在 1917 年，他和同学萧子升一起不带分文游学考察湖南五县，历时一个多月，行程九百多里。后来在深入调研的基础上，他完成了《湖南农民运动考察报告》《寻乌调查》《兴国调查》《长冈乡调查》《才溪乡调查》等文献。从毛泽东早期的许多军旅诗词中，我们发现非常客观真实，查有实据，甚至可以从中寻出行军的路线图，“是可以当作史料来读的”③。在延安和解放战争时期为数不多的诗词中，毛泽东针对问题，有的放矢，发挥了建立抗日民族统一战线和革命统一战线的巨大功能。新中国成立后，毛泽东的许多诗词，有的反映了党和国家的路线、方针、政策，有的体现了党和国家的重大工程建设，有的折射了当时复杂而微妙的国际国内环境。概而言之，毛泽东诗词体现了作为一个党、国家、人民军队领袖勇于实践、独立自主的情怀，自然洋溢着澎湃激昂的乐观主义精神。

四、中国共产党人的坚强党性，为毛泽东诗词注入了道德力量

中国共产党人注重锤炼党性，倡导通过批评和自我批评的方法加强党员的党

① 《建国以来毛泽东文稿》第 6 册，中央文献出版社 1992 年版，第 457 页。

② 徐四海：《毛泽东诗词鉴赏》，云南人民出版社 2011 年版，第 52 页。

③ 周振甫：《毛泽东诗词欣赏》，中华书局 2010 年版，第 88 页。

性修养。在革命战争年代，中国共产党的清正廉洁、民主团结和国民党的贪污腐败、独裁专制形成鲜明对比，这正是党夺取政权、建立新中国的一个重要原因。

毛泽东的坚强党性，在诗词中体现为强大的人格魅力，表现出感人的道德力量。在《七律·到韶山》中，我们看不到历史上封建帝王衣锦荣归的志满意得和沾沾自喜，看到的是以毛泽东为首的老一辈革命家对革命先烈的深深悼念和对人民大众的高度礼赞。毛泽东许多诗句至今依然历久弥新，成为人民群众常用的俚语、熟语。究其根本，是因为毛泽东以一名真正共产党人的情怀，把为大多数人谋福利看作是自己奋斗的最高理想，将一生都奉献给了最底层民众和最广大中国人民的解放事业。

第三节　毛泽东诗词中乐观主义精神的当代启示

乐观主义精神是毛泽东诗词的鲜明特征。它来源于中国共产党人的信念坚定、人民史观、良好学风和坚强党性，这种精神表现为对困难挫折的极度藐视，给人以强烈的振奋鼓舞和美的享受，使得毛泽东诗词好读、耐读，令人爱不释手、吟咏不绝，对于当代中国共产党人仍有深远的现实启示。

一、树立坚定信仰，才能始终朝气蓬勃

新中国成立以后，社会主义建设不断取得新成绩，毛泽东心情舒畅。1956年创作的《水调歌头·游泳》歌颂了建设社会主义的英雄气概和宏伟理想，“子在川上曰：逝者如斯夫”则同时表达时不我待的紧迫感。《七律二首·送瘟神》是毛泽东1958年欣闻江西余江县消灭血吸虫病而写，在巨大的喜悦面前他通过新旧对照的手法，以“六亿神州尽舜尧”赞颂了人民的力量伟大。晚年毛泽东虽然满怀乐观主义的豪情，但在中国社会性质的判断上出现了偏差，经济社会发展遭遇曲折。1966年“文化大革命”初期创作的《七律·有所思》中，他以“凭栏静听潇潇雨，故国人民有所思”两句表达了孤愤的心境。

在改革开放和新时代，中国在党的领导下取得了巨大成就。令人警惕的是，在党内的信仰危机始终存在。一些党员干部不愿意深入弄懂马克思主义的科学真谛，反而对某些西方思潮顶礼膜拜，照单全收。“社会上也存在一些模糊甚至错误的认识。有的认为马克思主义已经过时，中国现在搞的不是马克思主义；有的说马克思主义只是一种意识形态说教，没有学术上的学理性和系统性。”①毛泽东诗词的乐观主义精神的魅力就在于：不管遇到什么不公正的对待，都不动摇对马克思主义的坚定信仰。在中华民族复兴的伟大征程中，只有让信仰的旗帜高高飘扬，才能更好地坚持道路自信、理论自信、制度自信和文化自信，才能始终保持共产党人的蓬勃朝气。

二、紧密联系群众，才能做到攻坚克难

当前，一些地区、一些部门的党员干部精神萎靡，把入党誓言抛诸脑后，令人深思。究其根本，就是淡忘了党的宗旨，抛弃了“相信群众，依靠群众，从群众中来，到群众中去”的根本路线。毛泽东诗词乐观主义精神的感召力就在于亲民为民的群众情结，只有紧紧依靠群众，才能始终精神饱满，才能够不断克服行军、战斗和社会主义建设中的一个又一个看起来不可能克服的艰难险阻。在全面建成富强民主文明和谐美丽的社会主义现代化强国的征程中，只有不断树立群众观念，坚持人民立场，坚决反对特权思想和特权现象，党在人民群众的心目中才有威信，党才能带领人民群众克服全面深化改革的进程中出现的各种困难。

三、坚持学用结合，才能学会独立思考

根据新修订的《中国共产党纪律处分条例》，形式主义和官僚主义经过严厉整治，得到一定程度的遏制和治理，但禁而未绝、改头换面等现象仍时有发

① 《习近平谈治国理政》第 1 卷，外文出版社 2017 年版，第 212 页。

生，履职用权方面仍有许多腐败风险点，仍需结合实际不断细化。究其原因，就在于某些党员干部不愿意从事艰苦的理论学习和调查研究，片面而机械地执行上级部门的有关政策。毛泽东诗词的乐观主义精神突出特点就在于不唯上、不唯书，不怕压、不怕迫，始终坚持独立自主。在新时期，各级党员干部要勤于用党的理论武装自己的头脑，要愿意到基层一线和困难艰苦的地方锻炼自己，要善于结合实际创造性推动工作，把雷厉风行和久久为功有机结合起来，勇于攻坚克难，以钉钉子精神做实做细做好各项工作。

四、锻造党性品格，才能保持清醒头脑

民族复兴的伟大梦想，要求共产党人始终成为时代先锋、民族脊梁，始终经得起各种考验。当前党内表面一套、背后一套的“两面人”，游离于党组织之外、长期不参加组织生活的“局外人”，根本起不到模范带头作用、留之无用、徒占名额的“多余人”仍然存在。毛泽东诗词的乐观主义精神的可贵之处就在于经常查找自身的问题和不足，始终保持共产党员的党性修养。新时期的共产党人，必须把对党忠诚、为人民服务作为崇高使命，自觉接受党内监督和各种形式的群众监督，真正成为一个知敬畏、存戒惧、守底线的合格共产党员。

第三章　从毛泽东诗词看中国共产党人的人民英雄情怀

毛泽东是独领风骚的开国领袖，是近百年来代表备受蹂躏的中华民族敢于向各种中外反动势力挑战的英雄。他的诗词迥异于中国古代诗歌中庸平和的传统，始终体现着不懈奋斗、傲视敌人的人民英雄情怀。这种人民英雄情怀，和中国封建社会那些所谓文治武功、开疆拓土的帝王将相根本不同，也有别于西方好莱坞大片中那些所谓的孤胆英雄或超人，而代表着中国共产党人的英雄观。这种英雄观的鲜明特征是：一个人活着，不是为了追求个人价值的最大化，而是为了国家民族的命运，为了最广大人民群众的根本利益流血牺牲、不懈奋斗。①当前，这种人民英雄情怀或英雄观对于新时代中国共产党人具有极强的现实意义。

第一节　毛泽东诗词中洋溢着人民英雄主义情怀

读毛泽东诗词，总能感到心间有一股英雄气在纵横驰骋。他热爱祖国的山川河流和历史文化，关心国家的前途命运和人民疾苦，饱含舍我其谁的战斗激情。他的诗词所讴歌的不是叱咤风云的帝王将相，而是团结一致、扭转乾坤的人民英雄。他写的好汉能驱“虎豹”、击“熊罴”；他写的飞将军，能“横扫千军如卷席”；他塑造的金猴，只要奋起千钧棒，就可以“玉宇澄清万里埃”；他“不爱红装爱武装”，即使是写妇女也往往能显现出不一般的气魄和力量。他给妻子的题词是“无限风光在险峰”，理想是妇女二万万众都能奋发为雄。②他用

① 丁毅：《毛泽东诗词创作与中国梦》，《党史文汇》2016 年第 3 期。

② 杨青苗：《毛泽东诗词的浪漫主义特色》，《重庆大学学报》2010 年第 8 期。

高山、红旗、梅花、劲松等意象来衬托英雄、赞美英雄。英雄主义是其诗词的核心内容与思想主线，这种意境超越了中国文学史上的豪放诗派，呈现出独特的文化景观。

一、毛泽东诗词把人民英雄主义作为贯穿始终的主线

毛泽东热爱生命，一生奋斗，虽然屡次遭遇挫折，但始终激情豪迈，永不言败。这种人民英雄主义情怀贯穿他的绝大部分诗词，呈现出一种悲凉之美，悲壮之美，崇高之美。从他年少时期的《赠父诗》《咏蛙》来看，虽然学界或有“改写他人作品”的不同说法，但作者志在四方、从容大度的勃勃英雄之气已然初露端倪。毛泽东的人民英雄主义情怀在他个人处在逆境中时显得格外突出。在井冈山和中央根据地时期，他一再受到“左”倾错误的排挤。特别是宁都会议之后，他的处境极为艰难。时年 40 岁的毛泽东在以后的三年只写了两首词——《菩萨蛮·大柏地》和《清平乐·会昌》，但均为英雄主义的佳作。前词描写的大柏地战役是“红军自成立以来最有荣誉的战役”，是在红军主力下井冈山“四连败”之后的一次绝地反击，在战斗最激烈时毛泽东曾持枪亲临前线，胜利非常来之不易①。但在四年后创作的诗词中，他却由衷赞叹弹洞斑驳的墙壁，认为可以为山川增色，这是多么豪迈的英雄主义情怀！后词写于第五次反“围剿”失利、广昌失守之时，形势极其紧急。但毛泽东信步登山、从容抒怀，鲜明地体现了一个革命家的气度，真可谓“沧海横流，方显英雄本色”。从 1959 年到 1961 年，国际国内形势纷繁复杂，是毛泽东人生又一个逆境时期，也是其诗词创作的高潮期，他先后创作了《卜算子·咏梅》《七律·冬云》《满江红·和郭沫若同志》等十余首诗词。面对甚嚣尘上的一股股反华恶浪，毛泽东顶住各种压力，与之进行毫不妥协的坚决斗争。发之于诗，嬉笑怒骂，义正词严，体现了“不信鬼、不信邪”的铮铮傲骨。在毛泽东诗词里，“人”（主观意志）、“天”（客观事物）这两个要素，前者总是起主导作用的。

① 胡哲峰：《毛泽东：一位不愿意拿枪的军事家》，《领导科学》2011 年第 4 期。

从“问苍茫大地，谁主沉浮”的“问天”，到“刺破青天锷未残”的“刺天”，再到“天翻地覆慨而慷”的“翻天”，直到“为有牺牲多奇志，敢教日月换新天”的“换天”，他的一生“与天奋斗，其乐无穷”。①读毛泽东诗词可以使我们了解中国革命发展进程，更会被诗人无处不在的人民英雄主义情怀所感染。

二、毛泽东诗词中的主人公往往是党和人民军队的英雄形象

1806年，拿破仑在著名的耶拿战役中大败普鲁士军队，曾被黑格尔称颂为“骑在马背上的世界精神”。卡莱尔把之定位为“现代革命主义”，指出这是英雄主义的“最后一种形式”，是“英雄主义人物的总和”。②1936年，埃德加·斯诺则在《西行漫记》一书中向世界揭示毛泽东的英雄主义精神为“脱离个人经历的范畴，潜移默化地升华为一个伟大革命事业”③。毛泽东诗词中有很多“我”，比如“春来我不先开口，哪个虫儿敢作声”“何以报仇，在我学子”“凡我同志兮，携手同行”“敌军围困万千重，我自岿然不动”“国际悲歌歌一曲，狂飙为我从天落”“而今我谓昆仑，不要这高，不要这多雪”“谁敢横刀立马，唯我彭大将军”“我失骄杨君失柳，杨柳轻飏直上重霄九”“我欲因之梦寥廓，芙蓉国里尽朝晖”等。④表现自我、塑造自我形象，是中国历代诗歌的鲜明特征。然而，由于受到世界观、人生观和价值观的局限，其中诗词抒发的不是物候变换、草木枯荣、离愁别恨，就是羁旅行役、怀才不遇、功名未遂。毛泽东诗词也抒写自我、表现自我，但随着时代的发展，其诗词中的“我”早已不是顾影自怜、消极感伤的“小我”形象，而是一个“小我”个性和“大我”群体共同融合的崭新形象。随着革命事业的发展，他不再或很少抒发个人的情感，

① 杨景春：《从自然景观描写看毛泽东诗词的艺术感染力》，《石河子大学学报》2005年第5期。

② 张育仁：《骑在马背上的中国革命精神——论毛泽东诗词作为革命理性史和情感史的美学意义》，《重庆师范大学学报》2015年第10期。

③ ［美］埃德加·斯诺：《西行漫记》，河北人民出版社2012年版，第212页。

④ 韩育珠：《论毛泽东诗词的爱国主义精神美》，《理论导刊》2012年第4期。

而是从全党、全军的角度思考问题，“我”逐渐成党和人民军队的化身。特别是长征时期的诗词，毛泽东在1935年一年里就创作了6首，从各个角度、各个方面用笔，内容不同，意境不同，构思不同，每一首都洋溢着人民英雄主义的磅礴气势。顶天立地的《十六字令·三首》，表面上处处写山，实际上处处借山象征红军，通过对山的吟咏来歌颂红军。《忆秦娥·娄山关》写尽了红军藐视困难、不怕牺牲的英雄气概。《七律·长征》堪称是气壮山河的英雄赞歌，其诗眼在“闲”字，其意为“平平常常”，与“万水千山”相对，红军战士不畏艰难、前赴后继的英雄气概脱颖而出。

三、毛泽东诗词中有很多描写、凭吊、赠予人民英雄的壮美篇章

在毛泽东为数不多的诗篇中，描写英雄、赞美英雄的诗词占据了相当的比例。而且他喜欢做翻案文章，历史上很多备受正史尊崇甚至膜拜的“圣人”和“英豪”在他的笔下黯然失色。对于历史上曾出现争议或被贬损的人物，他却不遗余力地肯定和赞美，体现出和封建传统截然相反的人民英雄观。①“触不周之山”的“共工”，在历史上一般被视为“暴君”和“叛臣”，但毛泽东在《渔家傲·反第一次大“围剿”》中的结句“不周山下红旗乱”取《淮南子·天文训》，赞颂他是敢于反抗强权的“胜利了的英雄”。“盗跖”“庄屩”历来被正史视为草寇盗贼，毛泽东推翻了强加给他们头上的不实之词，称他们“流誉”不绝（《贺新郎·读史》）。历史上对秦始皇、曹操的评价往往不高，但毛泽东对其历史地位给予了充分肯定（《读〈封建论〉呈郭老》《浪淘沙·北戴河》）。于历史人物而言，他赞颂具有民族气节、才华横溢的屈原、贾谊、刘蕡，痛惜他们多舛的命运。于现代人物而言，他推崇具有强韧战斗精神的鲁迅，赞扬其“博大胆识铁石坚，刀光剑影任翔旋”（《七律二首·纪念鲁迅八十诞辰》）。他怀念战友，悼念同志，撰写诗歌、文章和楹联表达无尽的哀思。他高度赞颂革命烈士杨开慧、柳直荀，用革命浪漫主义的笔触想象他们的忠魂与日月同在

① 周甲辰：《论毛泽东的叛逆精神和诗词写作》，《武汉科技大学学报》2014年第5期。

（《蝶恋花·答李淑一》）。他赞赏“谁敢横刀立马”的彭德怀，敬佩他的军事才能（《六言诗·给彭德怀同志》）。他哀悼“偏师借重”的黄公略（《蝶恋花·从汀州到长沙》），“当年草上飞”的罗荣桓（《七律·吊罗荣桓同志》），对他们的逝世深感惋惜。对于国民党壮烈殉职的抗日将领戴安澜，毛泽东专门写诗予以吊唁，安慰其“壮志也无违”（《五律·挽戴安澜将军》）。对于在国民党监狱里坐了三年牢、出狱后克服重重困难奔赴延安的女作家丁玲，毛泽东称誉她“纤笔一支谁与似，三千毛瑟精兵”（《临江仙·给丁玲同志》）。毛泽东诗词中众多英雄的共同点是：推动社会历史的发展，为国家和民族鞠躬尽瘁，为最广大人民群众的根本利益不惜牺牲自己的一切。毛泽东诗词中高扬着的人民英雄主义，是党带领的无产阶级革命精神的体现，也是中华民族的伟大精神在新时代的体现。

四、毛泽东诗词中的人民英雄聚焦最普通的人民群众

毛泽东诗词的突出特征是：以人民群众创造历史的唯物史观，浓墨重彩地塑造工农兵群众的群像，这是他对中国历代诗词的重大超越。在那首荡气回肠的《沁园春·雪》中，“数风流人物，还看今朝”的诗句庄严宣布无产阶级才是当今世界的主人，是时代的真正英雄。毛泽东强调，压迫和反抗相辅相成，是一对矛盾的统一体，被压迫人们的反抗与斗争正是推动历史前进的动力。在毛泽东看来，在战争年代，由工农组成的革命军队是“天兵”，是“雄师”，往往振臂一呼而有百万响应，具有席卷天下的强大战斗力（《蝶恋花·从汀州到长沙》）。在“劳心者治人，劳力者治于人”的中国古代英雄史观的影响下，历代诗歌中所展示的爱国主义精神大都凝聚在“英主”“名臣”身上，而作为历史的真正创造者、民族利益真正捍卫者的人民大众，只是扮演了遭受苦难的、企盼英雄拯救的“小民”角色。相比之下，毛泽东为我们建造了一座亘古未有、高大巍峨的人民英雄丰碑。毛泽东诗词用浓笔酣墨精心塑造了“毫不屈服、英勇奋斗、笑傲王侯”的无产阶级群体形象，讴歌了他们的爱国主义精神美。

第二节　毛泽东诗词中人民英雄情怀的生动写照

毛泽东诗词固然展现了他生命不止、奋斗不息的人格魅力，但更是他所带领和代表的这个党的人民英雄情怀的生动写照。不仅仅是毛泽东一人，和他一起的老一辈无产阶级革命家如周恩来、朱德、陈毅等都曾留下一些诗作，很多革命先烈在生命的最后时刻也曾创作出壮美的诗篇。它们共同组成动人心魄、感人肺腑的红色诗词系列，共同抒发了中国共产党人和人民军队的壮志豪情。周恩来在留学日本前创作的《大江歌罢掉头东》，朱德抗日战争时期创作的《太行春感》《出太行》《赠友人》，陈毅创作的《梅岭三章》《青松》，革命烈士夏明翰的《就义诗》，陈然的《我的“自白”书》等是其中的代表作。它们与毛泽东诗词一起，共同抒发了共产党人追求民族复兴的雄心壮志、不怕任何艰难险阻的壮烈情怀以及前赴后继、宁死不屈的人民英雄气概，共同表达了“劳工神圣”“人民创造历史”的人民英雄观。

一、毛泽东是深受人民爱戴的民族英雄

中国现代史是一部人民革命战争史，作为领导这一漫长人民革命战争并取得最后胜利的毛泽东，不仅是用兵如神的军事家，英明的政治统帅，也是“堪称泰山北斗”的伟大诗人。一位日本学者说：“毛泽东是代表动荡的20世纪的世界英雄之一。”①他的诗词中不仅对中国人民满怀深情，而且关切、同情、支持全世界所有民族，尤其那些受压迫和欺凌的弱小民族。毛泽东对自己的评价是：“身上有些虎气，是为主；也有些猴气，是为次。”②他的美学风格素来偏重于欣赏威武雄壮的崇高之美、阳刚之美，他认为只有胸有“凌云之志”的英雄

① 何联华：《毛泽东诗词的国际影响》，《中南民族大学学报》2016年第6期。

② 转引自丁三省：《毛泽东诗词精读》，文化艺术出版社2017年版，第44页。

才能引导国民走出黑暗的现实；只有胸怀社稷苍生的人才能陶铸国民精神，调动起整个民族排山倒海、一往无前的气概。可以毫不夸张地说，他本人就是近代以来在积贫积弱的苦难中国大地上“横空出世”的一位人民英雄。和一般所谓“中兴”的豪杰或领袖相比，他总能更深刻地了解中国国情和人民群众的疾苦，总能提出保障人民群众的根本利益的战略和决策。毛泽东的丰功伟绩经得起历史和人民群众的检验，永远值得我们尊重和爱戴。毛泽东的英雄事迹和人民情怀，是其诗词彪炳史册的重要源泉。

二、中国共产党和人民军队是不畏艰险、奋勇向前的英雄群体

中国共产党成立近百年来，困难和挑战前所未有，为国家独立和民族解放而付出的牺牲为世界政党史上所罕见，带领人民实现民族伟大复兴的毅力和恒心堪称惊天动地。抗战胜利后，彭真在会见东北抗联领导时曾感慨中国革命有三大特别艰苦时期，一是红军长征，三个方面军和红二十五军的总里程多达六万五千里，实现重大战略转移；二是红军长征后留守人员在南方八省的游击战争，历时三年之久；三是东北抗日联军在九一八事变后在白山黑水间与日军的苦斗，长达十四年①。仅以长征为例，党领导下的中央红军在整整一年的时间里走过了福建、云南、西康、甘肃、陕西等 11 个省，攻占了 62 座县城，进行了 380 多次战斗，创造了人类历史上的伟大奇迹。仅娄山关一战，红军清晨出发，在午后二三时到达娄山关消灭敌军一个师，乘胜直追到遵义于深夜又消灭敌军一个师，一天就走了一百多华里。党和红军英勇顽强的人民英雄气概极大地鼓舞了毛泽东，为他的诗词提供了真实而生动的素材，留下了“苍山如海，残阳如血”的壮美诗句。其意境雄奇、磅礴、壮美，但毛泽东沉痛地注释说“自己是在战争中积累了多年的景物观察，见到过很多战友的血”创作出来的。②

① 季世昌：《毛泽东诗词故事》，当代中国出版社 2014 年版，第 96 页。

② 许全兴：《毛泽东诗词里有意志——鉴赏毛泽东诗词新视角》，《湖湘论坛》2013 年第 6 期。

三、中国共产党自成立以来涌现出无数真实感人的英雄模范

中国共产党成立以来，无数党员为党和人民的事业流血牺牲，献出宝贵的生命。毛泽东《蝶恋花·答李淑一》中提到自己的妻子杨开慧烈士，在长沙牺牲时年仅 29 岁；李淑一的爱人柳直荀烈士，在鄂西被害时只有 34 岁。除了杨开慧，毛泽东还有毛泽民、毛泽覃、毛楚雄、毛泽建、毛岸英等共六位亲人为国捐躯。贺龙元帅、徐海东大将在参加革命后，其宗族为革命牺牲的人数多达上百人乃至上千人①。“犹记当年烽火里，九死一生如昨”（《念奴娇·井冈山》），在井冈山革命根据地仅仅两年多的斗争中，就有五万名烈士长眠在那里，其中绝大多数连名字都没有留下。在众多革命老区，家家有烈士的情况并不罕见。在很长时期里，“怕不怕死”成为衡量党员是否合格的重要标准，共产党员成为不怕牺牲、克己奉公的代名词。仅以毛泽东写诗赞颂的“南京路上好八连”为例，他们于抗日战争时期在山东解放区组建，解放上海后进驻最繁华的南京路，在随后的建设过程中，这个连队的干部战士始终保持艰苦奋斗、廉洁奉公的优良传统，身居闹市而不变色，经受住了和平时期的种种考验，最终被授予荣誉，成为一个时代的英雄标兵群体。1963 年建军 36 周年之际，毛泽东为之挥毫写下了《杂言诗·八连颂》。这个英雄群体是社会主义建设时期优秀党员和人民军队的杰出代表，其感人事迹教育了一代又一代各级党员干部。

四、中国共产党始终把人民群众看成真正的英雄

对于中国共产党来说，什么样的人才称得上是“英雄”或“伟大的人物”？他们包括革命先烈、劳动模范以及历史上一切推动社会发展、服务人民大众的卓越人物。特别要提出的是：所有的英雄都是人民中的一员，也一定是紧紧依靠人民群众的，因为人民才是真正的英雄和历史的创造者。这是马克思主义的

① 周振甫：《毛泽东诗词欣赏》，中华书局 2010 年版，第 78 页。

基本原理，也是中国革命和建设实践中所得出的重要结论。马克思主义唯物史观认为，人民群众是社会历史的创造者。毛泽东进一步指出："人民，只有人民，才是创造世界历史的动力。"矗立在北京天安门广场的人民英雄纪念碑，其碑文由毛泽东起草，周恩来亲自撰写，全文是："三年以来，在人民解放战争和人民革命中牺牲的人民英雄们永垂不朽；三十年以来，在人民解放战争和人民革命中牺牲的人民英雄们永垂不朽！由此上溯到一千八百四十年，从那时起，为了反对内外敌人，争取民族独立和人民自由幸福，在历次斗争中牺牲的人民英雄们永垂不朽！"在革命战争年代，人民群众用小推车推出了淮海战役的胜利。在社会主义建设时期，人民群众用辛勤汗水构建了共和国完整的工业体系。改革开放之所以取得巨大成就，也正是因为调动了广大人民群众的发展潜力和积极性。毛泽东诗词的磅礴大气，是因为背后有深厚的人民情怀、牢固的人民立场，体现了千百万群众的洪荒伟力。

第三节 毛泽东诗词中人民英雄情怀的当代启示

毛泽东生活的时代是中国历史上变动最为剧烈、最为深刻的时代。这是一个需要巨人而且产生了巨人的时代。毛泽东始终站在时代的前列，跟随时代前进，因而最先沐浴到时代的新风。他在革命战争和建设时期的诗词作品，堪称史诗之作，从中我们可以看出革命风云的变幻、建设国家的热潮以及中国共产党坚强不屈的英雄气质。由此出发，他倾力塑造并热情讴歌一大批栩栩如生的英雄形象，有"同学少年"、"百万工农"、"红军"、"将军"、女民兵、女作家，中华风流人物以及各兄弟民族。他的诗词中英雄不乏个体性，但更多是群体英雄。他的诗词凸显的人民英雄史观和人民英雄情怀，对于新时代中国共产党人具有重要启示。正像习近平所指出的那样："人民是历史的创造者，人民是真正的英雄。"①是人民群众，书写了波澜壮阔的中华民族发展史，创造了博大精

① 习近平：《人民是历史的创造者是真正的英雄》，《人民日报》2018年3月21日。

深的中华文明，培育了历久弥新的中华民族精神。中华民族从站起来、富起来到强起来，归根到底是由人民群众奋斗出来的。

一、新时代共产党人要崇尚人民英雄，心怀感恩

2015年9月2日，习近平在颁发中国人民抗日战争胜利70周年纪念章时指出："一个有希望的民族不能没有英雄，一个有前途的国家不能没有先锋。包括抗战英雄在内的一切民族英雄，都是中华民族的脊梁。他们的事迹和精神都是激励我们前行的强大力量。"①在此之后，习近平又多次提到"英雄"。比如2016年2月2日，他在到江西看望慰问干部群众时说："中华民族是崇尚英雄、成就英雄、英雄辈出的民族，和平年代同样需要英雄情怀。"②2018年3月12日，他在出席十三届全国人大一次会议解放军和武警部队代表团全体会议时又强调："谁是最可爱的人，不要让英雄既流血又流泪，让军人受到尊崇，这是最基本的，这个要保障。"③2019年9月30日，他向国家勋章和国家荣誉称号获得者颁授勋章奖章并强调："崇尚英雄才会产生英雄，争做英雄才能英雄辈出。"2020年10月，他在给四川省革命伤残军人休养院全体同志的回信中指出："全党全社会要崇尚英雄、学习英雄、关爱英雄，大力弘扬英雄精神。"④2021年6月25日，他在十九届中央政治局第三十一次集体学习时指出："把革命先烈流血牺牲打下的红色江山守护好、建设好，努力创造不负革命先辈期望、无愧于历史和人民的新业绩。"

的确，随着时间的流逝，包括毛泽东为首的老一辈无产阶级革命家、革命先烈已经远离今天很久了。但是，此时此刻的岁月静好，正是因为无数人民英雄曾经负重前行。只有心怀感恩，才能珍惜今天的幸福生活。应该承认，很多

① 习近平：《一个有希望的民族不能没有英雄，一个有前途的国家不能没有先锋》，《人民日报》2015年9月2日。

② 习近平：《和平年代同样需要英雄情怀》，《人民日报》2018年5月18日。

③ 习近平：《让军人成为全社会最尊崇的职业》，《人民日报》2018年3月15日。

④ 习近平：《崇尚英雄才会产生英雄　争做英雄才会英雄辈出》，《人民日报海外版》2019年9月30日。

人民英雄的壮举不是每个人都能做到的，但是“身不能至，心向往焉”，对人民英雄的崇敬永远不能减少。深入学习毛泽东诗词，就会对革命先烈产生由衷的敬意，就会对党的早期历史产生深刻的敬畏。

二、新时代共产党人要守护人民英雄，传承精神

鲁迅先生早在20世纪30年代《中国人失掉自信力了吗》一文中就曾说过：“我们自古以来，就有埋头苦干的人，有拼命硬干的人，有为民请命的人，有舍身求法的人……虽是为帝王将相作家谱的所谓‘正史’，也往往掩不住他们的光耀，这就是中国的脊梁。”①人民英雄的壮举往往会对家风、民俗和社会风气产生深远的影响力。湖湘地区千百年来涌现出屈原、贾谊、王夫之、曾国藩、左宗棠、谭嗣同等众多英雄人物，逐步形成尚武的民风，对毛泽东影响很大。毛泽东曾回忆，他少年时期心目中的英雄是湘潭哥老会首领彭铁匠，后者在1910年长沙饥民暴动中英勇不屈，惨遭杀害。在东山学校，他通过阅读《世界英雄豪杰传》，对华盛顿、拿破仑等世界英雄有了一定的了解。习近平曾说，他在五六岁的时候妈妈就带着他买《岳飞传》，给他讲“岳母刺字”“精忠报国”的故事，有意识地培养形成了清廉正直的良好家风。可见，应该很早就在少年的心灵中留下传承英雄精神的种子。②“没有伟大的人物出现的民族，是世界上最可怜的生物之群；有了伟大的人物，而不知拥护、爱戴、崇仰的国家，是没有希望的奴隶之邦。”③学习毛泽东诗词的过程，就是在潜移默化中受到人民英雄主义熏陶，自觉传承人民英雄精神的过程。

三、新时代共产党人要愿做人民英雄，承担责任

应该承认，当前仍存在一些不尊重人民英雄、亵渎人民英雄的逆风暗流。

---

① 鲁迅：《且介亭杂文》，人民文学出版社1973年版，第123页。

② 《习近平谈治国理政》第2卷，外文出版社2017年版，第232页。

③ 《郁达夫文集》，当代世界出版社2010年版，第122页。

一方面，在西方各种社会思潮的影响下，当前出现了一些解构人民英雄的现象。这在网络上表现得更明显一些，突出体现在：对人民英雄的事迹肆意歪曲，对人民英雄抱着恶意嘲讽的态度，甚至往人民英雄身上泼污水。究其根本，就是丑化党史、军史、新中国史、改革开放史，动摇党执政的合法性。另一方面，在市场经济大潮的冲击下，当前出现了一些漠视人民英雄的现象。突出表现在：一切向钱看，一切从个人利益出发，认为人民英雄很傻、很天真，甚至认为人民英雄没有人性，不真实、不可爱。究其根本，是受到追求享乐主义、拜金主义、极端个人主义的价值观的影响，以为人都是自私的。改革开放以来，我国生产力、综合国力、人民生活水平显著提高，但是诚信缺失、道德滑坡的现象依然存在。民族复兴的道路依然崎岖而布满荆棘，依然有很多“娄山关”和“腊子口”，时代仍需要敢于在关键时刻挺身而出、拔关夺隘的人民英雄，人民英雄主义永远是照亮不断前进、激励不断奋进的明灯。2019 年 9 月 29 日，习近平在国家勋章和国家荣誉称号颁授仪式上的讲话中强调，我们以最高规格褒奖英雄模范，就是要弘扬他们身上展现的忠诚、执着、朴实的鲜明品格。学习英雄模范们对事业的坚守无怨无悔，为民族复兴拼搏奋斗的赤子之心始终不改的品格；学习他们坚定理想信念和不懈的奋斗精神；推动全社会敬仰英雄、学习英雄，用实际行动为实现第二个百年奋斗目标贡献力量。学习毛泽东诗词，就是重温入党誓词，明确党员的义务，永远做一名关键时刻豁得出的合格党员。

四、新时代共产党人要学习人民英雄，爱岗敬业

人民英雄来自百姓，人民英雄距离每个人都不遥远。身处和平年代，虽然人们暂时不需要像革命时期的人民英雄那样抛头颅、洒热血，但是人民英雄的精神依然可以激励自己脚踏实地，在本职工作岗位上取得更大的成就。即使是一个普通岗位的工作人员，只要能够见贤思齐、不懈奋斗、埋头苦干、循序渐进，也能够成为本职工作的行家里手，受人敬仰的业界英雄。在新的历史时期，各种英雄不断涌现，通过新闻媒体报道之后事迹非常感人。比如，为秉公执法、几十年来办案零差错的“最美检察官”，辛勤耕耘、几十年来桃李满天

下的“最美教师”，恪尽职守、用生命挽救一车乘客的“最美司机”，等等。人，是需要一点精神的。在这个问题上，每个人都不应该妄自菲薄。毛泽东有一首诗是这样写的：“年年后浪推前浪，江草江花处处鲜”（《七律·洪都》）。在他的诗词中，历史英雄人物最终总是被超越的对象。与此同时，只有现时代的人民大众，才是被尽情讴歌和颂扬的。对于一名扎根基层的普通共产党员来说，自己的人生道路其实就掌握在自己的手中。

第四章　从毛泽东诗词看中国共产党人的建国韬略

毛泽东诗词是中国共产党的一笔宝贵精神财富，是毛泽东思想的一颗璀璨明珠，“沉淀为毛泽东推进革命和建设事业的一种精神气象”①。毛泽东诗词创作大体可以分为三个时期，即青少年时期、革命战争时期、新中国成立后时期。②新中国成立以后，毛泽东为我们留下了 42 首诗词，大部分是讴歌社会主义建设伟大成就、歌颂中华民族和中国人民“敢教日月换新天”的诗词。其中，20 世纪 50 年代后期至 60 年代初期的几年成为他一生中第二个诗词创作的高峰。毛泽东的这些诗词蕴含着中国共产党人的初心使命和价值取向，对倡导社会主义核心价值观和建设高度社会主义精神文明具有重大意义。它们既体现中国共产党人敢于打碎旧世界、建设新世界的革命情怀和奋斗精神，对推进中华民族伟大复兴宏图伟业、创造中国人民幸福美好生活有着积极意义；又凝聚和代表时代精神和文学精华，是中国共产党人塑造的共和国的精神支柱。

第一节　社会主义建设时期仍要树立崇高革命理想

毛泽东一生对井冈山魂牵梦绕，为之写下了三首诗词。第一首《西江月·井冈山》作于 1928 年秋。1928 年 8 月 30 日，留守井冈山的红军以不足一个营的兵力，在黄洋界凭借有利地形，一天之内击溃十倍于己的进犯之敌，保存了

---

① 杨简：《毛诗屈赋悬日月——纪念毛泽东诞辰 110 周年》，《茂名学院学报》2004 年第 2 期。

② 黄信、景志明：《谈毛泽东诗词的理想主义情结》，《西昌学院学报》2014 年 3 月。

整个新生的革命根据地。9 月毛泽东率军返回井冈山，欣闻黄洋界保卫战的经过，写下了这首讴歌红军军民胜利的词章。另外两首词《水调歌头・重上井冈山》和《念奴娇・井冈山》作于 1965 年 5 月。当年，72 岁的毛泽东在时隔 38 年之后从长沙沿着 1927 年秋收起义之路重上井冈山，心情无比激动和自豪，再次抒发了"凌云"的抱负。井冈山，被誉为"天下第一山"，是中国革命的摇篮，从这里走出了共和国 56 名开国将帅。[①]毛泽东和他的战友们的井冈情结，不仅在革命时期不断延伸，更在社会主义建设时期成为一座岿然傲立的精神丰碑。

一、坚定理想，必胜信念

党在新中国成立后，探索中国特色社会主义的道路依然崎岖而漫长，甚至遇到前所未有的困难和挑战。但是，毛泽东始终坚定共产主义理想，始终充满必胜的信念。《水调歌头・重上井冈山》发表于《诗刊》1976 年 1 月号，当时就产生了强烈的反响。在词中，毛泽东热情讴歌井冈山人民在革命和建设时期所取得的伟大成就，尽情抒发了将社会主义事业进行到底的雄心壮志。在词的开头，"久有凌云志，重上井冈山"的首句就破空而来，气势非凡。三十八年前诗人在此立下的抱负今天早已实现，如今他一路征尘归来，重访故地，看到"旧貌变新颜""到处莺歌燕舞"，心情是何等激动和自豪！在词的下片，"风雷动，旌旗奋，是人寰"表现了新社会人民当家作主、建设幸福美好生活的豪迈气概，"可上九天揽月，可下五洋捉鳖，谈笑凯歌还"展现了敢于克服一切艰难险阻、敢于迎接各种挑战的壮烈情怀。"世上无难事，只要肯登攀"两句堪称是全词的总结、诗人一生的总结、中国共产党近百年历史的总结，也成为当今人们引用最多、影响最大的经典名句之一。全词慷慨激昂、掷地有声，把井冈山精神表现得淋漓尽致，充分展示了中国共产党人的坚定意志

① 王潘、吴业亮、杨光云：《井冈诗词解析毛泽东的中国革命之路》，《长江大学学报（社会科学版）》2012 年第 4 期。

和理想情怀。

二、不忘初心，艰苦奋斗

毛泽东在写完上面的这首《水调歌头·重上井冈山》之后心潮起伏，很快又创作了一首《念奴娇·井冈山》。这首词发表于毛泽东逝世之后，见于人民文学出版社 1986 年 9 月版的《毛泽东诗词选》，就其社会影响来说不如前词。但是细细品味该词，仍可以感受到一代伟人波澜起伏的独特心曲。全词从“参天万木，千百里，飞上南天奇岳”大手笔开头，“故地重来何所见，多了楼台亭阁”一句表面平淡，却暗含新中国成立后的春和景明、百废俱兴的场面。“车子飞如跃”一句，诗人对就要重返故地的渴望和喜悦心情跃然纸上。随后，诗人笔锋一转，用“犹记当时烽火里，九死一生如昨”沉痛描述了战争岁月的极端艰苦和付出的巨大代价。在两年多的井冈山斗争里，共有 5 万名红军和革命群众壮烈牺牲，其中能够留下姓名的革命烈士仅有 1 000 多人。①推广至全国，在中国共产党成立后二十八年浴血奋战中，上百万革命烈士为党和人民的事业献出了宝贵的生命。井冈山不愧是革命的摇篮、党的圣地，井冈山精神具有鲜明的原创性，是其后中国共产党众多革命精神的重要源头，更是共和国进行社会主义建设的精神支柱。

三、革命火种，代代传承

在社会主义建设特别是改革开放时期和新时代以来，形势任务和主要矛盾与过去相比发生了重大乃至根本的变化，但革命传统永远不能褪色，革命精神必须永远传承下去。毛泽东“世上无难事，只要肯登攀”的诗句说出了不同时期自力更生、艰苦奋斗的中国共产党人的心声。新中国成立以来，党重视在现

① 黄军红、刘觉：《毛泽东诗词中蕴涵的井冈山精神及其价值——以〈水调歌头·重上井冈山〉为例》，《理论导报》2014 年第 3 期。

代化建设中继续弘扬井冈山优良传统。以井冈山斗争为题材的《翠岗红旗》《闪闪的红星》《杜鹃山》等影视作品深入人心，给无数人留下了深刻印象。《八角楼上》《井冈翠竹》等文章入选中小学语文课本，教育了几代人。[①]新时代以来，习近平多次在讲话中吟诵和化用《水调歌头・重上井冈山》中的“可上九天揽月，可下五洋捉鳖”，改为“敢上九天揽月，敢下五洋捉鳖”。这一字之差，内涵大不相同。“可”意即可以或可能，“敢”则指勇敢和果敢。“敢”字当头，敢想敢做、敢说敢为，气魄宏大、力重千钧，旨在鼓舞和激励广大科技工作者以及一切社会主义的建设者勇担重任，把敢闯敢试敢干作为科技创新和建功立业的强大引擎，不断攀登新高峰，再创新辉煌。这是对毛泽东诗词诗化中国精神的一种升华。

第二节　对社会主义建设和民族复兴事业充满自信

1949 年 4 月，中国人民解放军百万雄师摧枯拉朽、横渡大江，迅速占领南京，并乘胜追击一路解放全中国。毛泽东在解放前夕和新中国成立初期先后创作了《浣溪沙・和柳亚子先生》《浪淘沙・北戴河》《水调歌头・游泳》《七律・到韶山》等一系列脍炙人口的诗词，展现新的时代精神风貌。毛泽东的“一唱雄鸡天下白，万方乐奏有于阗”“萧瑟秋风今又是，换了人间”“为有牺牲多壮志，敢教日月换新天”等诗句彰显中国共产党人第一次由精神上的被动转为主动，相信只要把握辩证唯物主义和历史唯物主义基本规律，坚持和完善社会主义制度，就一定能够克服一切困难，并成为勇往直前的精神支柱。

① 温乐群：《毛泽东为何不惜笔墨三写井冈山——浅析毛泽东诗词中的“井冈山”意象及其底蕴》，《党史博采（纪实）》2008 年第 11 期。

一、改天换地，满怀豪情

在渡江战役中，人民军队仅用两天时间就突破蒋介石苦心经营多年的长江防线，占领国民党统治的巢穴南京。毛泽东在北平得到捷报后，挥笔写下了《七律·人民解放军占领南京》。在人民解放军向江南进军的重要关头，他把目光投向了两千多年前的楚汉战争，发出“将革命进行到底”的铮铮誓言。打过长江去，解放全中国，彻底推翻国民党蒋介石的反动统治，建立中国共产党为人民服务的民主政府，才是社会历史的发展方向。中国人民既敢于打碎旧世界，也善于建设一个新世界。在1954年创作的《浪淘沙·北戴河》中，毛泽东由眼前波澜壮阔的大海图景，回想到曾顺应历史潮流、统一中国北方的魏武帝曹操，最后以豪迈的“萧瑟秋风今又是，换了人间”诗句作为结尾。在两千年后的今天，自然环境依旧，但社会面貌已经大不一样、焕然一新了。焕然一新在什么地方？在毛泽东看来，在马克思主义的指引下，中国共产党有信心、有决心超越一切封建社会所谓贤君名臣清平盛世的视野格局，把握人类历史和社会发展的基本规律，带领人民创造前所未有的、真正美好的幸福生活。

二、凝心聚力，攻坚克难

共和国成立之初一穷二白、千疮百孔，面临帝国主义的严密封锁，建设的道路困难重重。以毛泽东为代表的中国共产党人以忘我的激情和各种困难作斗争，努力在神州大地上绘出壮美的画卷。他在1956年创作于武汉的《水调歌头·游泳》，充分体现了一日千里、时不我待的建设激情。诗词体现出强烈的层次感，从“万里长江横渡，极目楚天舒”的自由闲适写到“子在川上曰，逝者如斯夫”的光阴紧迫，从“一桥飞架南北，天堑变通途”社会主义建设热潮想到“更立西江石壁，截断巫山云雨，高峡出平湖”的发展远景，人民群众凝聚力和创造力让长江巫山上的神女也为之惊叹。在毛泽东看来，新中国社会主义制度的优越性在于可以调动一切人力、物力和财力，集中力量在较短时间内解决突出问题、办成大事，这在一盘散沙、分崩离析的旧中国是难以企及的，也是根本做不到的。

三、正道前行，坚定不移

就“人”与“天”的关系而言，中国古代思想家大多持被动立场，只能顺天由命。①但是在毛泽东诗词中，从“天翻地覆慨而慷”的“翻天”，到“敢教日月换新天”的“换天”，“人”（主观意志）“天”（客观事物）这两个要素，前者总是起主导作用的。“人间正道是沧桑”，新中国成立以来，社会主义建设道路充满曲折。特别是 20 世纪 80 年代末 90 年代初的“苏东剧变”，使世界社会主义步入低潮。1992 年，88 岁高龄的邓小平在南方谈话中说：“我坚信，世界上赞成马克思主义的人会多起来的，因为马克思主义是科学。”“不要惊慌失措，不要认为马克思主义就消失了，没用了，失败了。哪有这回事!”②党的十八大后，习近平在带领中央政治局常委参观《复兴之路》大型展览时的讲话中用“人间正道是沧桑”比喻中华民族的今天。此后，他多次在重要讲话中化用毛泽东诗词中的“人间正道”“守正道”“正道”等，激励人们坚守道路、理论、制度和文化自信。新中国成立以来，中国走出了一条贴近中国国情、具有鲜明特色的康庄大道，取得了举世瞩目的骄人成绩。2023 年，中国经济总量超过 20 万亿美元，稳居世界第二位，持续成为世界经济增长最大贡献者。③中国距离目标越接近，所遇到的风险和挑战也必然会越来越多，实现目标的决心信心以及昂扬的精神状态就显得越来越重要。

---

① 王向清：《毛泽东诗词中主体意识的张扬及其双重意蕴》，《湖南行政学院学报》2013 年第 11 期。

② 《邓小平文选》第 3 卷，人民出版社 1993 年版，第 162 页。

③ 参见《中华人民共和国 2023 年国民经济和社会发展统计公报》，国家统计局 2024 年 2 月 29 日发布。

第三节　在严峻考验和挑战的逆境中坚持不懈奋斗

20世纪50年代末60年代初，世界局势动荡，国际风云突变，一方面西方出现了一股帝国主义反共反华的逆流，另一方面，苏联对我国挑起了意识形态争端，社会主义阵营开始分裂。此外，国内又受“左”的思想影响，两年遭受了严重自然灾害，国民经济遭遇重大困难。这一时期的国内外形势堪称黑云压城、风雨如磐。面对严峻考验和挑战，毛泽东号召发动人民群众的力量，自力更生、艰苦奋斗。与此同时，他进入诗词创作高潮期，先后写下了《七律・登庐山》《满江红・和郭沫若同志》《卜算子・咏梅》《杂言诗・八连颂》《念奴娇・鸟儿问答》等十多首诗词，表明中国共产党和中国人民具有战胜一切困难，自立自强于世界民族之林的宏大志向、顽强毅力和拼搏精神。

一、不惧打压，铮铮傲骨

早在革命战争时期，中国共产党和苏联以及共产国际的矛盾就存在。新中国成立之后，中苏两党两国之间的矛盾越来越明显，终于在20世纪50年代末导致社会主义阵营的大分裂。从现在的眼光来看半个世纪之前的中苏之间的大论战，双方都有过火的地方。毛泽东毫不畏惧苏联大国沙文主义作风，表现出铮铮傲骨。《念奴娇・鸟儿问答》是一首寓言诗。“鲲鹏”和“蓬间雀”两只鸟儿，一大一小。大者扶摇直上九万里，鸟瞰人间炮火弹痕；小者惊慌失措，欲逃往仙山琼阁，去吃土豆加牛肉的“共产主义”好菜。诗词采用拟人的手法，诙谐地直抒“试看天地翻覆”的铁石誓言。在《杂言诗・八连颂》中，毛泽东一口气列出了“八不怕”：“不怕压”“不怕迫”“不怕刀”“不怕戟”“不怕鬼”“不怕魅”“不怕帝”“不怕贼”。自1840年的鸦片战争以来，中华民族在一百多年中积贫积弱，备受列强欺辱。可以说，在毛泽东为代表的中国共产党人建立起新中国之后，中华民族才第一次挺直腰板，敢于对损害主权的外部压迫和封锁大声说“不”。

二、自力更生，艰苦奋斗

在中国传统文化中，梅花和松、竹一起被称为“岁寒三友”，因为不畏严寒保持生机而成为逆境中坚守气节的象征。在中国传统文化中，梅花被不断吟咏，出现了许多脍炙人口的咏梅诗词，陆游的《卜算子·咏梅》堪称其中的代表作。毛泽东“读陆游咏梅词，反其意而用之”创作的《卜算子·咏梅》以及此后创作的《七律·冬云》，给梅花赋予了新内涵。毛泽东笔下的“梅花”，不再孤芳自赏、愁苦悲凉，而是伟岸挺拔，积极乐观地严酷的环境相抗争，体现出蓬勃兴旺的生命力。“梅花欢喜漫天雪，冻死苍蝇未足奇。”毛泽东笔下的“梅花”，多么像无产阶级的革命战士，多么像中国大地上生生不息的劳动人民。毛泽东以人民的立场和角度写梅花，使梅花具有了人民公仆、群众一员的普通的亲切。他把传统士大夫笔下孤高的梅花拉回到人间，充当春的使者为人民服务，与众芳齐乐，与人民同乐。在极度封锁和巨大压力面前，中国共产党就像顶霜傲雪的梅花那样，带领中国人民凭借自己的力量在航空、航天、科技、医学、交通基础设施建设等领域捷报频传，不断取得重大成就，为中国在世界上赢得了民族尊严。

三、时不我待，勇往直前

为了建设独立自主、自力更生的社会主义新中国，毛泽东写下新中国成立后最具震撼力、冲击力的诗词《满江红·和郭沫若同志》。这首词在 1963 年 1 月一经发表，就立刻风靡全国。其中的“多少事，从来急；天地转，光阴迫。一万年太久，只争朝夕”一句，以“从来急”呼应“光阴迫”，以“争朝夕”反衬“万年久”，风格雄浑，气势超凡，激情满怀，催人奋进。1972 年 2 月，美国总统尼克松访华时就在祝酒会答词时引用了这句诗词。半个多世纪过去了，毛泽东的这首诗词不断被国内外人士广泛吟诵和引用，成为激励中国人民不断奋进的巨大精神动力。新中国成立70多年来特别是改革开放40多年来，中国以“只争朝夕”的精神迅速发展，在短短几十年里走过了西方资本主义国家几百年里走过的历程。在新时代，习近平在各种讲话中多次引用“只争朝夕”名句，大力倡导“时不我待、只争朝夕”的奋斗精神。党的二十大在充分肯定党和国家事业取得举世瞩目成就的同时，要求必须清醒看到我们工作中存在一些不足，面临不少困难和问题。①这些无不需要进行艰苦卓绝的斗争。更重要的是，中国共产党人必须把党的政治建设摆在首位，永葆政治本色，永远立于不败之地，真正提升自己的党性修养和精神境界。

第四节　亿万人民是建设社会主义美好社会的主体

读毛泽东诗词，我们感受到了他心底里浓厚的人民英雄情结，这在革命战争中已经有充分的体现。在新中国成立之后，他的诗词中直接、间接赞颂人民大众的诗词有《七律二首·送瘟神》《七律·到韶山》《七绝·为女民兵题照》《七绝·屈原》《七绝二首·纪念鲁迅八十诞辰》《七律·和郭沫若同志》《七律·冬云》《杂言诗·八连颂》《七律·吊罗荣桓同志》《贺新郎·读史》等十余首。在诗词中，他更加聚焦那些曾推动历史发展、深受人民爱戴的历史人物、战友和同志，他们是团结一致、扭转乾坤的公社社员、女民兵、解放军战士等最普通的群众。他用高山、红旗、梅花、劲松等意象来衬托人民群众、赞美人民群众，认为只要激发人的主观能动性和发展潜力，六亿中国人每个人都可以成为舜、尧那样的明君。人民大众主义成为其诗词的核心内容与思想主线，这种意境超越了中国文学史上的所有豪放诗派，呈现出独特的文化景观。

① 《中国共产党第二十次全国代表大会文件汇编》，人民出版社2022年版，第14页。

一、深切缅怀杰出的历史人物

新中国成立后，毛泽东的诗词中有许多缅怀历史人物、革命先烈、战友同志的壮美篇章。在历史人物中，他特别欣赏贾谊，专门为他写了两首诗，其中一首名为《七绝·贾谊》，另一首名为《七律·咏贾谊》，这在毛泽东诗词中是唯一的特例。贾谊是一位少年倜傥的廊庙之才，十八岁就以能诵诗书、撰文章而名闻郡中。在被汉文帝召为博士后，皇帝每诏下议论问题，他都能够对答如流。在短暂的一生中，他陆续向文帝提出很多富有见地的政治改革意见，却遭到朝臣的谗毁，被文帝逐渐地疏远，贬为长沙王太傅，后死于任所，年仅 33 岁。在毛泽东看来，贾谊和屈原的境遇极为相似，都是非常值得令人同情的。在现代人物中，他最推崇鲁迅，在 1961 年专门为他创作了《七绝二首·纪念鲁迅八十诞辰》。在毛泽东看来，孔夫子是封建社会的圣人，鲁迅是新中国的圣人。鲁迅和绍兴先贤陆游、秋瑾一脉相传，都有“忧忡为国痛断肠”的爱国情怀。毛泽东高度评价鲁迅的“横眉冷对千夫指，俯首甘为孺子牛”（《七律·自嘲》）的精神，认为“应该成为我们的座右铭”。毛泽东诗词讴歌的众多历史杰出人物，其共同点是：推动社会历史的发展，为国家和民族鞠躬尽瘁，为最广大人民群众的根本利益不惜牺牲自己的一切，属于鲁迅所说的“埋头苦干的人，拼命硬干的人，为民请命的人，舍身求法的人……中华民族的脊梁”。毛泽东和他所代表的中国共产党始终崇尚这种精神，毛泽东本人就是其中的杰出代表。

二、充分尊重人民群众的凝聚力、创造力和战斗力

毛泽东诗词的突出特征是：以人民群众创造历史的唯物史观，浓墨重彩地塑造工农兵群众的群像，认为他们才是推动历史的真正动力，这是他对中国历代诗词的重大超越。这种思想观点突出地表现在《贺新郎·读史》中。这首词创作于 1964 年春，发表于毛泽东已经逝世两年之后的 1978 年第 9 期《红旗》

杂志上。诗词仅用 115 个字，便囊括、咏叹了以中国历史为主体的整个人类社会的历史，从人类诞生到归宿，从原始社会到社会主义社会，跨度长达几百万年，真是大笔如椽、笔能扛鼎。历史本是人民创造的，但历代帝王却把一切创造发明都归功于石器时代的传说人物“三皇五帝”并说得神乎其神，而历代御用文人又加以吹捧，其实这不过是骗人的鬼话罢了。毛泽东创作于 1966 年 6 月的《七律・有所思》，发表于 1996 年出版的《毛泽东诗词集》。毛泽东在结尾写道：“凭栏静听潇潇雨，故国人民有所思。”在毛泽东看来，历史的发展最终证明，人民不仅推动了历史的飞速前进，而且在前进的过程中寻找和发展了真理。

三、人民主体思想体现了初心和使命

毛泽东诗词中的人民主体思想对于社会主义建设和改革开放时期的精神文明建设具有深远的影响力，推动成为时代的主旋律。新时期以来，受西方各种社会思潮和个人享乐主义以及所谓“精英”主义的影响，当前存在不尊重人民群众、蔑视人民群众的逆风暗流；受封建传统思想的影响，帝王将相、宫廷秘事又一度充斥着电影和电视的屏幕。还有的党员干部为人民群众做了一点事情就以“施恩者”自居，认为出现干群矛盾是由于群众的“不感恩”。这样一些观点和想法，可以说是严重违背了毛泽东等老一辈革命家的“建党初心”和“建国初心”，违背了马克思主义的基本原理。习近平在二十大报告中多次提到“人民”一词，引起了社会各界的广泛共鸣。近几年来，他先后考察了河南、安徽、江西、贵州、宁夏等革命老区，要求党员干部向雷锋、王杰、焦裕禄、谷文昌、杨善洲、甘祖昌、龚全珍等新中国建设过程中涌现的优秀领导干部和革命先烈学习。“全心全意为人民服务”的根本宗旨永远是照亮中国共产党人不断前进、激励我们不断奋进的明灯。学习毛泽东诗词，就是牢记党的宗旨，履行党员义务，永远做一名“平常看得出来、关键时刻站得出来、危急时刻豁得出来”的合格共产党员。

新中国成立后的毛泽东诗词以诗化的语言熔铸中华人民共和国的强大精神支柱，展现的精神内涵集中体现在爱国主义、集体主义和社会主义的高度统一。它们深刻地诠释了“前途光明，道路曲折”的宏大主题，具有“坚定理想，永不言败；坚持信念，保持自信；敢于斗争、敢于胜利；依靠群众、崇尚集体”的时代特征。毛泽东的这些诗词对于当前正承担民族复兴重任的新时代中国共产党人来说意义非常重大，它引导人们坚守和共建新时代中国共产党人的精神家园，成为强化实现中国梦的巨大精神动力，也是共和国 70 多年来弥足珍贵的精神财富和艺术瑰宝。

第五章　从毛泽东诗词看中国共产党人的文化自信

毛泽东生活的时代，面临中华民族千年未有的大变局。近百年来的积贫积弱、被动挨打，使一批批先进的中国人从器物、制度进而到文化层面不断反思中华民族落后的根源。五四运动，知识分子高举“德先生”和“赛先生”的大旗，在如饥似渴学习西方先进文化理念的同时，一种民族虚无主义的思潮也在不断蔓延。一种极端的观点甚至主张取消汉字代之以拉丁字母，以实现全盘西化。毛泽东诗词用中国传统文学形式进行创作，在继承传统的基础上不断超越，这是以毛泽东为首的中国共产党人文化自信的鲜明写照，对新时代中国共产党人有重要的现实意义。

第一节　毛泽东诗词充分体现中华民族的高度文化自信

毛泽东诗词是时代更新的产物。他的诗词如黄钟大吕，极具中国作风和中国气派，是民族的，也是世界的。和他的理论文章一样，每一首优秀诗词的后面，都有厚重而深刻的文化背景、文化精神、文化内涵和文化品格。

一、熟练运用中国传统文学样式反映现实生活

毛泽东传承中国传统文学样式。在创作方面，他广泛涉猎了古体诗、近体诗、词、韵语、楹联、祭文、民歌、民谣等多种形式，是继承中国优秀文化的楷模。仅就诗而论，既有五古、七古，也有五律、七律、五绝、七绝，还有杂言诗。特别是七律，是他最成熟、最擅长的诗体形式。就公开发表的词来说，

涉及的词牌名有二十多种。[①]"忆秦娥"这个词牌，历史上最早用它进行创作的是李白，因此被称为"百代词曲之祖"。[②]在毛泽东的《忆秦娥·娄山关》表现惨烈的战争题材，成为这个词牌的绝唱。"念奴娇"这个词牌，历史上苏轼曾用它创作了《念奴娇·赤壁怀古》，被公认为豪放词的代表作，在词史中具有重要地位。毛泽东的《念奴娇·昆仑》则不仅将祖国河山诉诸笔端，而且把眼光投向整个人类世界，堪称可以与苏词相媲美的艺术珍品。"临江仙"这个词牌，历史上晏几道曾用它创作《临江仙·梦后楼台高锁》，是婉约诗中的翘楚。毛泽东的《临江仙·给丁玲同志》既写出女性的柔美，又体现出幽默诙谐的风采，在格调和气魄上显得别具一格。毛泽东的《贺新郎·别友》和北宋词人柳永的《雨霖铃·寒蝉凄切》是主旨感情表达相近的两首词。前者有多处对应着后者，显得不落俗套、不落窠臼，充分体现了毛泽东"推陈出新，古为今用"的继承与创新思想。[③]能否突破旧体诗词、确立"新体诗歌"，毛泽东诗词的创新之处在于，努力用中国古典诗词形式表现当代生活，实现重大转型。[④]毛泽东诗词虽然采取旧体形式，但它把景、情、事、理融为一体，使诗情、诗思、诗意、诗味都达到了新时代才有的高度，让人们感受到现代中国的生机活力，体悟到中华民族的不朽精魂。

二、广泛汲取中国众多诗词名家之长

毛泽东对中国古典文学的喜爱和熟悉程度是惊人的。他广泛阅读大量诗词，据统计，曾经批注过的古典诗词达 1 590 首，涉及诗人 429 位。[⑤]他明确喜

① 胡志远、赵媛媛：《毛泽东诗词中的传统文化底蕴和鲜明的时代特色》，《四川理工学院学报（社会科学版）》2011 年第 4 期。

② 指李白的《忆秦娥·箫声咽》。

③ 赵式坪：《毛泽东诗词与中国文化》，《郑州铁路职业技术学院学报》2014 年第 4 期。

④ 董学文：《毛泽东诗词对中国诗歌发展的启示》，《党的文献》2013 年第 2 期。

⑤ 华玉振：《毛泽东诗词对 20 世纪中国文化转型的表达》，《徐州工程学院学报》2016 年第 6 期。

好的“文学八贤”，是指先秦的庄周、屈原，汉魏的曹操，唐代的李白、李贺、李商隐，明代的高启和清代的曹雪芹。特别指出的是，毛泽东虽然对上述“八贤”有独特的爱好，但他对古诗词的掌握其实是出入百家、博采众长的。像苏轼、范仲淹、李清照、晏殊等人的诗词，他也是大量研磨过的。①他曾明确表示不喜欢杜甫，但他对杜诗的熟悉程度惊人。杜诗中的很多名篇，甚至一些不那么著名的诗句，他常常能随手题写、随口吟诵。此外，杜诗的典故、意境和诗史笔法也对他产生了深远的影响。②毛泽东深受中国古代诗词大家的影响，但他并不顶礼膜拜，而是在继承的基础上不断超越。以唐朝的“三李”即李白、李贺、李商隐为例，李白诗风壮美奔放，都或隐或显地影响了毛泽东的诗风。③翻开毛泽东诗词，其少年斗志、壮年情怀、老年心境无不宏远豪迈、壮气凌云，和李白非常相似。李贺受李白浪漫精神影响，从诗作来说惨淡经营、搜奇猎异，表现出诡奇幽峭、冷艳凄清的浪漫主义风格。他的《金铜仙人辞汉歌》中“天若有情天亦老”被借用进毛泽东的《七律·人民解放军占领南京》，他的《致酒行》中“雄鸡一声天下白”被毛泽东点化进《浣溪沙·和柳亚子先生》，改为“一唱雄鸡天下白”。晚唐诗人李商隐是一位关心政治生活、国家命运的现实主义诗人，虽有雄心，但命运多舛。他现存600多首诗歌中最有价值的是咏史诗和无题诗，其中有些篇什大胆而曲折地抨击现实政治，讽刺或揭露了封建统治者的荒淫奢侈。毛泽东七律不是很多，但每写必成华章。那精工的章法句法，不能说没受李商隐的影响。更重要的是，从毛泽东诗词中能够找到他和“三李”诗的渊源关系，能够体会到他在诗词创作中为什么以浪漫主义为基调，为什么向文艺界乃至向全党提出“两结合”的创作方法。毛泽东融神话传说与现实生活于一体的“游仙诗”，更被赵朴初称为“形象思维第一流”。

---

① 罗昌智：《毛泽东诗词与荆楚文化》，《云梦学刊》2005年第1期。

② 任舸：《毛泽东与成都杜甫草堂》，《杜甫研究学刊》2014年第2期。

③ 江建高：《雄奇、诡奇、奇丽、浪漫主义——论毛泽东诗词与唐“三李”诗的渊源关系》，《湖湘论坛》1997年第6期。

三、灵活引用中国传统各类历史典故

毛泽东在诗词中继承中国古典诗词用典的传统。其中历史典故如楚汉战争、曹操东征、陶渊明世外桃源、祖逖北伐，神话传说如嫦娥奔月、牛郎织女、一枕黄粱、孙悟空三打白骨精、南柯一梦等。他继承革新传统，用典而不被典故原意所束缚，往往翻新出奇，令人拍案叫绝。以《清平乐·蒋桂战争》来说，“一枕黄粱再现”无情嘲讽国民党新军阀互相厮杀混战，最终难免覆灭的结局；“收拾”借用岳飞的《满江红》“收拾旧山河，朝天阙”，表现出重整祖国山河的伟大气魄。在《渔家傲·反第一次大“围剿”》中，“不周山下红旗乱”引用了“共工触不周之山”这个神话传说，水神共工在历代阐释中多含贬义，毛泽东独辟蹊径，认为其是敢于砸碎旧世界、建立新世界的英雄，借以讴歌拿起枪杆向旧社会顽固堡垒奋力攻击的红军战士。《七律·人民解放军占领南京》中的“人间正道是沧桑”一句，原来一般用来表达“世事无常、人生如梦”的感慨，毛泽东在此转用来说明正义战胜邪恶的人类社会发展规律。在《蝶恋花·答李淑一》中，“嫦娥奔月”和“吴刚伐桂”这两个神话传说一改过去凄惨孤独的情调，被毛泽东赋予对烈士忠魂的厚爱和礼赞。“牛郎织女”的神话故事在中国历史上流传很广，历来被人们当作有情人悲欢离合的神话，毛泽东却在《七律·送瘟神》中把牛郎看作关心人间劳动人民生活疾苦但又无计可施的理想主义化身。舜帝和娥皇、女英的神话故事原来也充满了哀怨悱恻的情调，在毛泽东的《七律·答友人》里读者却看到手执斑竹、身披红霞的神女满怀喜悦地来到人间，分享人间的美好生活。在古代诗词大家中，曹操和辛弃疾都以用典而著称。比如曹操的《短歌行》《龟虽寿》中，就有化《诗经》“青青子衿，悠悠我心”的诗句和神话入诗等；辛弃疾的《永遇乐·京口北固亭怀古》中，先后运用孙权、刘裕、王（导）谢（安）、刘义隆、廉颇等五处历史典故。毛泽东与之相比，则显得更加出神入化、脱胎换骨。①他以那种打破一切

① 周独奇：《论毛泽东诗词的用典特色》，《重庆文理学院学报（社会科学版）》2008年第6期。

框框、推翻旧世界、建立新秩序的志向和气魄驾驭各类历史典故和神话传说，往往信手拈来、非常贴切，给人以美的享受。

四、汇集中华各个朝代和地域的文化精华

毛泽东诗词负载着中华文明上下五千年、纵横数千里的文化价值。从时间上看，诗词中有远古文化、先秦文化、魏晋文化、唐代文化、宋元文化、明清文化，也有旧民主主义文化、新民主主义文化和社会主义文化。毛泽东诗词形象地反映了现实，生动地构成了一部雄奇瑰丽的史诗。和历史上许多优秀诗人一样，毛泽东对祖国的万水千山充溢着浓厚的依恋心理和文化情感。多年的革命战争和社会主义建设生涯，使他走遍了大江南北、岭南塞外，其视野和见闻超过了中国历代诗词大家。他的诗词记录了他所经历的江河湖海、峻岭雪原、山林沃野、雄关险隘以及各地的人文掌故。在毛泽东诗词中，有赣文化、闽文化、秦文化、浙文化、燕赵文化、塞外文化、荆楚文化和湖湘文化。[①]尤其是湖湘文化，正如绍兴古镇对鲁迅的影响一样，韶山的秀丽山水对毛泽东身心起到了净化作用，陶冶出他率真、淳朴、倔强、浪漫而又多情的个性，在诗歌创作上给他以豪气、灵气。[②]湖湘文化的特点是强调各种学说兼收并蓄，提倡经世致用的务实作风，鼓吹治国治邦、济世安民之道，高扬爱国主义旗帜。它最为突出的是强烈的爱国主义精神和坚韧不拔的革命奋斗精神，这一革命奋斗精神如同一根红线贯穿于毛泽东诗词的始终。

五、从中国民间文化和口语宝库中汲取营养

毛泽东注重吸收生动的古文化语言和通俗化、口语化的群众语言。如《十六字令三首》“惊回首，离天三尺三”的诗句就是吸收湖南常德的民谣“上有

① 杨景春:《毛泽东诗词与民族文化概论》,《黑龙江社会科学》2001 年第 3 期。

② 毛代胜:《毛泽东诗词与湖湘文化》,《求索》1997 年第 3 期。

骷髅山，下有八面山，离天三尺三，人过要低头，马过要下鞍”，显得古朴自然。《水调歌头·游泳》“才饮长沙水，又食武昌鱼”的诗句由三国时吴国的童谣“宁饮建业水，不食武昌鱼”中转化而来，原诗句含有故土难离之情，毛泽东的诗句则用来表现了诗人的行踪。《杂言诗·八连颂》更是直接采用民歌风格的典范，全篇是用白话写成的，形式如同《三字经》，平易风趣，连贯而有气势，深入而浅出，融革命宣传与抒情诗为一体，为群众所喜闻乐见。特别是结句“军民团结如一人，试看天下谁能敌”如画龙点睛之笔，用语简练精彩，含义深刻而富有教育意义。在毛泽东诗词中，使用口语的诗句可谓比比皆是。比如：“齐声唤，前头捉了张辉瓒”（《渔家傲·反第一次大“围剿”》），战士们活捉敌军前敌总指挥张辉瓒的兴奋喜悦之情溢于言表；“而今我谓昆仑，不要这高，不要这多雪”（《念奴娇·昆仑》），想象中与昆仑山的对话，巍巍昆仑也变得俯首帖耳，十分驯服；“不到长城非好汉，屈指行程二万”（《清平乐·六盘山》），既彰显出登临长城路途之险，更表现出一种轻松自在、不以为然的豪迈，这样的口语通俗易懂，绘声绘色，如闻其声。新中国成立后，口语入诗在毛泽东诗词中表现得更加明显。特别是那首《念奴娇·鸟儿问答》，作者用拟人的手法，描写“鲲鹏”和“蓬间雀”两个鸟儿的对话。“怎么得了，哎呀我要飞跃”的诗句生动显示了赫鲁晓夫等人在帝国主义面前的紧张慌乱，“还有吃的，土豆烧熟了，再加牛肉”形象表达了对所谓“福利共产主义”的讽刺挖苦，“不须放屁，试看天地翻覆”则义正词严、当头棒喝，可谓化俗为雅，雅俗相宜。

第二节　毛泽东诗词是中国共产党人文化自信的艺术体现

一百多年来，世界上集无产阶级思想家、政治家兼诗人于一身者屈指可数。伟大的革命导师马克思在中学、大学期间曾创作了 108 题、近 200 首思想深刻、诗味醇厚的诗，如《查理大帝》《人生》《情感》等，他写满三个笔记本献给燕妮的诗，情操高洁。欧仁·鲍狄埃是一位以诗歌作为工具的伟大宣传家，他创作的《国际歌》为自己在身后留下了一座非人工所建造的真正的纪念碑。列宁、斯大林曾与马雅科夫斯基等少数卓越诗人之间建立了友谊，并评述过一些诗人名篇，但他们本人均无诗歌创作。越南人民的伟大领袖胡志明在1942到1943年间曾在我国广西被国民党当局逮捕，辗转于13个县的18座监狱，他在此期间用汉语创作了约100首诗，后来结集为《狱中日记》出版。反帝反殖反霸、民族解放与独立也是无产阶级世界革命的一翼。古巴民族英雄、著名诗人何塞·马蒂于1892年在美国创立古巴革命党并任领袖，曾以诗集、诗剧鼓舞祖国人民反对帝国主义。从国内来说，老一辈革命家董必武、叶剑英、林伯渠、吴玉章、谢觉哉、陶铸等都有壮美、激越的诗篇传世，分别曾结集出版。毛泽东无疑是这个诗人群体中的代表，其诗词鲜明体现了共产党人的文化自信。

一、充分体现了对中华文化复兴的历史担当

历史发展到20世纪上半期，中华民族已经到了存亡危急的时刻，对中华文化的自信也降低到冰点。1934年，鲁迅先生曾在《中国人失掉自信力了吗》一文中辛辣地讽刺国民党当局盲目自夸“地大物博”“迷信国联”“一味求神拜佛，怀古伤今”的不自信事实，对中华文化充满自信地写道：“我们从古以来，就有埋头苦干的人，有拼命硬干的人，有为民请命的人，有舍身求法的人……虽是等于为帝王将相作家谱的所谓正史，也往往掩不住他们的光耀，这就是中国的脊梁”，他认为即使是现代也不缺乏“这一类的人们”，他们“有确信，不自欺”“前仆后继的战斗”。[①]毛泽东和他率领的一代共产党人，就是鲁迅先生所暗指的这一类人。毛泽东于1920年、周恩来和董必武于1921年、朱德于1922年、陈毅于1923年、叶剑英于1927年先后加入中国共产党，都是我们党的缔造者和成立初期的党员。他们接受马克思主义后，就毕生不渝地为民族复兴不

① 鲁迅：《且介亭杂文》，人民出版社1983年版，第56页。

懈奋斗。周恩来在诗中曾写道："险夷不变应尝胆，道义争担敢息肩""面壁十年图破壁，难酬蹈海亦英雄"（《送蓬仙兄返里有感》《大江歌罢掉头东》）。[①]陈毅在诗中写道："百年积弱叹华夏，八载干戈仗延安。试问九州谁作主？万众瞩目清凉山。"（《七大开幕》）[②]他们回顾自己赴日、赴法勤工俭学、参加领导南昌起义和建立井冈山中央革命根据地以及领导南方三年游击战争、新四军烽火和抗击日寇的峥嵘岁月，感到只有中国共产党才能够救中国。正是凭借这种舍我其谁的历史担当，他们在极端艰苦的条件下才能始终保持革命乐观主义精神，对民族的解放和文化的复兴充满自信。

二、忠实继承了中华优秀文化的血脉精髓

在中国文化史上，始终信奉天人合一、物我合一的世界观和格物致知、知行合一的方法论，无论儒家、道家还是释家，都有这些共同内涵，成为中国传统文化的精髓。以毛泽东为代表的一代中国共产党人的诗词作品都是辩证地、科学地、实事求是地反映中国革命和实践的。从 20 世纪 40 年代延安时期开始，毛泽东就多次提出"推陈出新"的文艺号召。他以扎实的理论功底和刻苦的实践相结合的方式，"和新的群众的时代相结合"，表现"新的人物""新的世界"。他对历史上民族英雄、革命先烈、革命领袖和有作为的政治家、思想家、科学家、文艺家，对于无数先人给我们留下的宝贵历史遗产给以热情的讴歌。秦皇汉武、唐宗宋祖，陈胜、吴广，林则徐、孙中山，鲁迅、闻一多、朱自清……只要是推动历史发展，为人民作出贡献的人，都给予充分的肯定。"黄河之滨，集合着一群中华民族优秀的子孙。"以毛泽东为代表的共产党人，一改近百年来中国封建文化的故步自封、消极颓废、夜郎自大、因循守旧，创作出朝气蓬勃的崭新文艺作品。在毛泽东笔下，铁索桥横的大渡河，水拍云崖的金沙江，白浪滔天的北戴河，奔腾不息的长江，波涌连天的洞庭，一切艰难

① 秦建华：《老一辈革命家诗词鉴赏辞典》，山西人民出版社 2009 年版，第 348 页。

② 同上书，第 273 页。

险阻都阻挡不了英勇无畏的红军和中国共产党人。为了实现民族复兴的理想，中国共产党人愿意下定决心、不怕牺牲，排除万难去争取胜利。在老一辈无产阶级革命家的诗词中，始终洋溢着这种惊天地、泣鬼神的精神境界。赣南三年艰苦卓绝的游击战争是陈毅军事生涯中浓墨重彩的篇章。他在《梅岭三章》中写道："投身革命即为家，血雨腥风应有涯。取义成仁今日事，人间遍种自由花。"①在陈毅眼中，参加无产阶级革命就如同自己经营的家业一样，国民党残暴的血腥统治必将终结。若能换来人民的自由幸福，即使此时的枪林弹雨夺去了自己的生命也在所不惜。

三、生动创造了中国前所未有的革命文化

自中国共产党 1921 年成立以来所形成的革命文化，是中国五千年文明史上前所未有的。特别是 1942 年，毛泽东在延安文艺座谈会上系统阐述了"党的文艺工作和党的整个工作的关系""文艺为什么人""普及与提高""内容和形式的统一"等问题。毛泽东诗词率先垂范，他把"红军""战士""长征""人民""军阀""世界""环球""欧美""国际歌""分田分地"等现代词语生动活泼地直接写入诗词。②广大文艺工作者在党的文艺思想指导下，产生了贺敬之、赵树理、周立波、李季、阮竞章、孙犁等优秀诗人和作家，创作了《白毛女》《小二黑结婚》《太阳照在桑干河上》《暴风骤雨》《红岩》《红日》《红旗谱》《创业史》《艳阳天》等一系列艺术珍品，在塑造工农兵形象和反映伟大的革命斗争方面获得了新成就，在文学的民族化、群众化上取得了重大突破。这些作品生动描述了中国共产党人在不同时期带领人民群众顽强斗争、可歌可泣的感人事迹，其中有些作品引领着青年人走上了革命道路，有的成为一代人永远的记忆。这些文学作品颠覆了对历史发展动力的认识，批判帝王将相、才子佳人，把工人、农民、士兵等最基本的人民群众作为主人公；表达了对于孔孟

① 陈毅：《陈毅诗词集》（上、下），中央文献出版社 2012 年版，第 75 页。

② 萧礼容：《论毛泽东诗词的文化精神》，《西南师范大学学报》1997 年第 6 期。

思想中上下、尊卑、贵贱、大小等传统社会秩序的蔑视，要求共产党的干部和官员成为人民的公仆、勤务员。他们始终关注人民的命运、国家的兴亡，文学作品同国家民族、人民群众血肉相连。他们用反映时代气息、生动活泼、易于群众接受的新的现代词语进行创作，反映火热的战争和现实生活。他们抒发的情、展现的志，无不与人民大众的喜怒哀乐相通，心潮随着时代潮汐涨落。

四、充分表达了中国共产党人的文化自信

中国共产党人以马克思主义为指导，拥有历史唯物主义和辩证唯物主义的世界观，以实现共产主义为己任，这就决定了他们具有比中国历史上历代政治家和文人更加宽广的文化视野。对于同样的题材，所发出的咏叹和持有的见解往往也要深刻得多。同是黄鹤楼，唐朝崔颢来过，毛泽东也来了。一个是“悠悠”“历历”“凄凄”，一个是“茫茫”“沉沉”“苍苍”；一个是愁云惨淡，一个是心潮浪高；一个关乎个人际遇，一个关乎革命命运。①黄鹤楼见证了二人思想境界的高下。同是梅花，陆游抒写其怀才不遇的孤独寂寞，毛泽东则道出了中国共产党人坚持斗争的胜利信心。毛泽东的《念奴娇·昆仑》主题是反对帝国主义，但同时自信地表达了中华文明和世界文明和谐共处的美好愿望。他的《贺新郎·读史》站在历史唯物主义的高度，精确概括了整个一部人类社会发展史。②不仅毛泽东，叶剑英等老一辈无产阶级革命家无不如此。叶剑英在《纪念王杰同志》中写道：“矢志宏图共产业，为花欣作落泥红。”③他写此诗时已年逾花甲，得知王杰烈士舍身救人的感人事迹后，联想到本人自参加革命以来的峥嵘岁月，仍愿当革命事业承先启后继往开来的铺路石和护路人。朱德在《秋兴八首用杜甫原韵》中写道：“雄飞志在五洲外，烈战功存四海陂。”④他感叹自

---

① 杨义：《毛泽东诗词的文化气象》，《党的文献》2007 年第 6 期。

② 李林展：《滋兰九畹，树蕙百亩——从毛泽东诗词看我国诗歌发展的愿景》，《船山学刊》2006 年第 1 期。

③ 秦建华：《老一辈革命家诗词鉴赏辞典》，山西人民出版社 2009 年版，第 87 页。

④ 朱德：《朱德诗词集》，中央文献出版社 2007 年版，第 212 页。

己虽然参加了辛亥革命、重九起义、护国战争，但放眼中国大地，仍然是军阀混战，满目疮痍，中国共产党人的革命目标还远未实现，令他寐不安寝，食不甘味。接着诗人笔锋一转，以松菊自喻，要在霜寒中继续修炼自己，在苦雨中坚守自己，雄飞五洲，志存四海，做彻底的大无畏革命者。毛泽东等老一辈无产阶级革命家诞生于风雨飘摇、日薄西山的晚清，其幼年读书生活多数是从接受私塾教育开始的。但在成为坚定的马克思主义者后，其文化视野立刻发生脱胎换骨般的巨大变化。

第三节　毛泽东诗词中文化自信对当代中国人民的启示

毛泽东的诗词中蕴含了英雄情结，熔铸成诗词的灵魂。诗人毛泽东及其诗词的出现，并不是孤立的、单个的现象，他是老一辈革命家及其诗词的光辉代表，是一代中国共产党人文化自信的艺术体现，对于新时代共产党人仍有重大的现实启示。

一、努力承担中华民族伟大复兴的文化使命

党的二十大报告指出，“全面建设社会主义现代化国家，必须坚持中国特色社会主义文化发展道路，增强文化自信”①。新时代，一定要有高度的文化自觉。一个民族的强盛总是以文化兴盛为支撑。毛泽东在青年时期曾给自己起笔名“子任”，他的诗词始终表现了要改造人类社会的宏伟气魄和伟大力量，代表了站起来自立于世界民族之林的中国人民的豪迈精神气派。有了这种爱国情怀和革命奋斗精神，才能在革命时代天不怕、地不怕、神不怕、鬼不怕，才能在建设岁月为了国家和人民的利益，以愚公移山的奋斗精神向科学进军，改变

① 习近平：《高举中国特色社会主义伟大旗帜　为全面建设社会主义现代化国家而团结奋斗——在中国共产党第二十次全国代表大会上的报告》，《人民日报》2022 年 10 月 26 日。

“一穷二白”的落后面貌。以毛泽东为首的老一辈无产阶级革命家代表一代共产党人的英雄群体。读他们的诗词，革命英雄主义和浪漫主义跃然纸上，现实主义观照大地。学习这些诗词，可以从它崭新的时代内容、强烈的时代精神和伟岸的人格魅力，汲取到为振兴中华而奋斗的思想和精神力量。

二、把中华优秀传统文化发扬光大

2023年，习近平在文化传承发展座谈会上指出，中华文明具有突出的连续性、创新型、统一性、包容性、和平性。“只有全面深入了解中华文明的历史，才能更有效地推动中华优秀传统文化创造性转化、创新性发展，更有力地推进中国特色社会主义文化建设，建设中华民族现代文明。”①毛泽东是继承和发展中华优秀传统文化的典范，他的诗词继承古典诗歌优良传统，不断发展，使这一古老文化的瑰宝焕发出新的生命。他把寓言、神话、历史故事收之笔下，把名垂青史的古代帝王、当代英雄尽纳词中。中华优秀传统文化，由中华民族五千多年文明历史所孕育而成，是世界上最古老的文化之一，也是唯一从未间断过的文化。弘扬中华优秀传统文化，关键表现为对待传统文化的科学态度。简言之，就是像毛泽东等老一辈无产阶级革命家那样做到三句话，一是看得起，二是不自大，三是善梳理。中华民族最基本的文化基因，将使古老的中华文明之树开出新的时代之花。

三、为繁荣和发展社会主义文艺贡献力量

2014年，习近平在文艺工作座谈会上的讲话中指出：“社会主义文艺，从本质上讲，就是人民的文艺。人民既是历史的创造者，也是历史的见证者，既是历史的剧中人，也是历史的剧作者。”②人民的需要是文艺存在的根本价值所

---

① 习近平：《在文化传承发展座谈会上的讲话》，《求是》2023年第17期。

② 《习近平谈治国理政》第2卷，外文出版社2016年版，第87页。

在。能不能创作出优秀的作品，根本在于是否能为人民抒写、为人民抒情、为人民抒怀。毛泽东诗词艺术特色最鲜明体现在其大众化特色，在内容上表现革命时代的战争生活与和平时期的建设画面，在语言方面注重大众化的语言，通俗易懂。在毛泽东文艺思想的指引下，社会主义建设时期曾涌现无数人民作家，柳青就是其中的杰出代表。他为了集中精力创作《创业史》，毅然辞去了陕西长安县委副书记的职务，在皇甫村一蹲就是 14 年。在当前市场经济大潮下，要创造出思想精深、艺术精湛、制作精良的文学作品，更要耐得住清贫、寂寞和孤独。繁荣和发展社会主义文艺需要优秀的文学艺术创作者，读者和观众的审美趣味和舆论氛围也是至关重要的。作为普通读者和观众，也可以而且应该在倡导讲品位、讲格调、讲责任和抵制低俗、庸俗、媚俗等方面贡献自己的力量。低俗、庸俗现象形成的原因往往是知识素养的低下、人生经历的浅薄，但媚俗则是为了迎合某种需要而自跌身价。而这种需要往往就是金钱，以及金钱的某些外在表现。抵制不良的文风，目的就是不让廉价的笑声、无底线的娱乐、无节操的垃圾淹没我们的生活，从而让德艺双馨的名家大师、高水平的创作人才不断涌现。

四、始终坚持马克思主义对文化的正确引导

习近平在有关加强党对意识形态工作的领导时指出“两个功力不足、高水平成果不多”：一是在运用马克思主义立场、观点、方法上功力不足、高水平成果不多；二是在建设以马克思主义为指导的学科体系、学术体系、话语体系上功力不足、高水平成果不多。①坚定文化自信，必须牢固树立共产主义远大理想。毛泽东诗词的魅力，很大程度是他作为一个伟大的无产阶级革命家、战略家的宽阔胸襟所造就的。以毛泽东和李白比较，他们都是诗词创作的不朽丰碑，但相互的差异又是明显的。在李白的艺术世界里，我们感受到的总是他个人的情感、精神和气质。但在毛泽东的诗词中，我们感受到的，是他以天下为

① 习近平：《在哲学社会科学工作座谈会上的讲话》，《人民日报》2016 年 5 月 19 日。

己任，为无产阶级革命事业终生奋斗。他把和李白一样豪迈、浪漫的诗情，融入亿万人民的群体事业中。马克思主义是共产党人理想信念的灵魂，马克思主义和中国特色社会主义文化三种形态之间的关系，不是平面关系，而是指导和被指导的关系，起到思想定位、历史定位和现实定位的作用。美国学者海尔布隆纳在他的著作《马克思主义：赞成与反对》中表示，要探索人类社会发展前景，必须向马克思求教。实践证明，无论时代如何变迁，马克思主义依然占据着真理和道义的制高点、文化引领的制高点。

第六章　新时代传承毛泽东诗词坚守中国共产党人精神家园

毛泽东诗词是毛泽东思想的瑰宝，蕴含中国共产党创造的红色文化基因，是中国共产党人精神家园的艺术再现。党的十八大以来，习近平善于把毛泽东诗词妥帖引用，以毛泽东独特的诗化语言和精神力量引领我们深刻感悟毛泽东诗词的文化意象和精神意境，共建新时代的精神家园，强化实现中国梦的精神动力。在新时代实现中国梦的新征程中，毛泽东诗化的革命精神依然激励我们前行，再造辉煌。

第一节　从“雄关漫道”到“人间正道”的飞跃

中国向何处去？走什么道路？实现什么样的奋斗目标？历来是决定中国前途命运和关乎中国人民幸福安危的第一位的重大问题。在漫长而艰辛的中国革命历史进程中，以毛泽东为代表的中国共产党人为中国人民谋幸福、为中华民族谋复兴，高度重视探索中国道路。中国共产党人走自己的路的实质，就是在一个人口无比众多的东方落后大国，选择一条道路实现社会主义现代化强国的宏伟目标。

党的十八大以来，习近平多次引用或者化用毛泽东“人间正道是沧桑”的诗句，成为妙用毛泽东诗词的一个光辉典范。

一、两次论道：道路问题是决定中国前途命运第一位的问题

2012 年 11 月 29 日，习近平在参观《复兴之路》大型展览时，引用毛泽东诗词，对应民族复兴中国梦的“昨天”是“雄关漫道真如铁”，“今天”是“人

间正道是沧桑”，并且指出明天是“长风破浪会有时”。其引用毛泽东诗词的巧妙之处，就在于出现了两次论“道”的意象，蕴含了中国共产党成立以来，始终带领中国人民走自己路、圆中国梦的远大志向和执着追求。

1840 年鸦片战争以后，中国进入半殖民地半封建社会，陷入内忧外患、四分五裂、灾难深重的处境之中。中华民族的志士仁人，最初向西方寻找救国救民的真理，希望找到实现救亡图存、民族解放的道路。帝国主义列强频繁入侵和瓜分中国的现实，无情地粉碎了中国人学习西方的迷梦，封堵了旧中国走资本主义现代化的道路。苏俄十月革命的成功，给中国带来了马克思主义，使中国人民看到了革命的曙光。五四运动中，中国的先进分子传播科学社会主义，学俄国人的榜样、走俄国人的道路成为一种新的历史性选择。在中国共产党诞生以后，中国革命的面貌为之焕然一新。以科学社会主义为指导，结合中国国情和时代特征，我们开始找到一条实现民族独立、人民解放的正确道路。

中国共产党把马克思列宁主义与中国革命实际相结合，探索具有中国特色的新民主主义革命道路，走过了艰难的历程。第一次国内革命战争的失败，证明苏俄城市暴动式革命在中国行不通。毛泽东带领的秋收起义部队与朱德率领的南昌起义部队会师于井冈山，建立了第一块农村革命根据地，并把这一成功经验推广到全国。毛泽东撰写了《新民主主义论》等重要著作，走出了一条“农村包围城市，武装夺取政权”的新民主主义革命道路，创立了毛泽东思想。正是在这条正确道路的指引下，中国共产党从上海石库门走上了北京天安门，领导中国人民推翻“三座大山”，建立新中国，实现了从“东亚病夫”到“站起来”的历史性飞跃。

自近代以来，各种阶级政党登台亮相又销声匿迹，各种主义思潮风起云涌又烟消云散，各种道路方案探索尝试又先后落败，为什么只有中国共产党能够在现代中国各种政治力量的反复较量中脱颖而出？为什么只有中国共产党能够始终走在时代前列，成为中国人民和中华民族的主心骨？关键在于我们党一方面高举马克思主义伟大旗帜，推进马克思主义中国化的历史进程，创立了一系列创新理论成果；另一方面指引社会主义前进方向和正确道路，领导中国人民实现民族复兴中国梦，迎来了从站起来、富起来到强起来的伟大飞跃。实践一再证明，道路确实是决定中国前途命运的第一位的重要问题。

在毛泽东诗词中，出现“道”的次数很少，除了“报道”“莫道”“答道”和地名之外，直接论及道路的就是“雄关漫道”与“人间正道”这两处。诗词艺术重形象思维和感性认识，能够两次出现事关中国革命和人民命运的道路问题的诗句，已经是诗词史上非常了不起的奇迹。这与毛泽东当年正在苦苦思考新民主主义革命道路的历史大背景高度吻合。“雄关漫道”表达莫说雄关“真如铁”、革命路上从头越的决心；“人间正道”意即道路走通、革命成功。习近平深刻阐发了中国梦与中国道路的内在逻辑。从昨天的“雄关漫道”论及今天的“人间正道”，瞻望明天的“长风破浪”，从中国革命道路、建设道路谈到中国特色社会主义道路，从道路的成功探索到道路的高度自信，力图把毛泽东关于中国道路的诗意话语与新时代道路自信的理论阐发有机融合，从诗词艺术到政治理论，既形象又深刻地阐明了道路问题历来是决定中国前途命运第一位的问题。

二、过雄关、从头越：前途是光明的，道路是曲折的

“雄关漫道真如铁”，出自毛泽东 1935 年 2 月填写的《忆秦娥·娄山关》一词。创作背景是在红军第五次反“围剿”失败和长征初期“血战湘江”严重受挫的情况下，根据毛泽东的建议重新攻占贵州遵义。1935 年 1 月遵义会议召开后，红军在遵义地区转战了三个多月，毛泽东率领红军书写了“四渡赤水”的传奇。红军再克娄山关、重占遵义城，夺取了长征以来最大的一次胜利之后，毛泽东乘兴而至，留下佳作。《忆秦娥·娄山关》生动反映了毛泽东打了大胜仗后的心情，表达了不畏艰险过铁关的英雄豪气、“从头越”的勇毅担当和革命必胜的顽强意志。

习近平引用“雄关漫道真如铁”的名句，就出自毛泽东的《忆秦娥·娄山关》一词，此句意指近代中国“中华民族遭受的苦难之重、付出的牺牲之大，在世界历史上都是罕见的”。①在艰苦卓绝的中国革命进程中，即使在中国革命

① 《习近平谈治国理政》第 1 卷，外文出版社 2018 年版，第 35 页。

处在低潮时期，或在个人遭受党内错误路线排挤打击的困难境遇时，毛泽东始终在其诗词中彰显了乐观主义风格和革命英雄主义精神。“雄关漫道真如铁”的下半句是“而今迈步从头越”，表明了中国共产党在实现了伟大的历史性转折之后，重整旗鼓“从头越”，迈开大步向前进的雄心壮志。

当时，在中国革命最艰难的时期，不少人悲观失望、信念动摇。1927 年大革命失败以后，在党和军队内弥漫着“红旗到底能打多久”的悲观主义情绪。1930 年 2 月毛泽东写了《星星之火，可以燎原》的长信提振精神、鼓舞斗志。在该信末尾，毛泽东乐观地预言“中国革命高潮快要到来”。①他以此激励人民团结奋斗，去夺取中国革命的伟大胜利。即使在中国革命处在低潮时期，或者个人遭受党内错误路线排挤打击而陷入困境，毛泽东依然用独有的充满诗情画意的革命浪漫主义话语与其满怀激情的革命英雄主义诗篇相互照应、相得益彰，感人至深。

新中国成立以来，中华民族历经沧桑漫步在社会主义的“人间正道”上，取得了举世公认的辉煌成就，中国特色社会主义进入强起来的新时代，依然要“从头越”，为实现中国梦而开启新长征。2014 年 5 月 23 日，习近平来到中国商用飞机设计研发中心，登上自主研制的 C919 大型客机展示样机，并在驾驶舱主驾驶的座位和飞机客舱座位上坐下来切身感受。他希望大家锲而不舍脚踏实地干。“中国大飞机事业万里长征走了又一步，我们一定要有自己的大飞机。”②

三、大道至简、坚守正义：化用“人间正道”赋予时代新意

毛泽东写诗与习近平吟诗，都有其政治站位和特定背景。研究两者的内在联系与深刻意蕴，除了考察国际国内大格局大背景之外，还要考证写诗与吟诗的时空条件。当初毛泽东创作的《忆秦娥·娄山关》《七律·人民解放军占领

① 《毛泽东选集》第 1 卷，人民出版社 1991 年版，第 106 页。

② 《习近平考察中国商飞设计研发中心》，《人民日报》2014 年 5 月 23 日。

南京》的成诗背景和目的意义前已分析，作诗填词的意图十分明确。现在我们分析考察习近平引用毛泽东诗词讲述中国梦的站位、背景与意义也别有意味。当时习近平吟诗的站位和场景是《复兴之路》大型展览第五展厅的入口处，背后正好衬托出党的十一届三中全会实现新的伟大历史性转折的一组珍贵的会议照片。习近平用毛泽东诗词的意境与大型展览“改革开放是复兴之路”的主题悄然吻合，与中国特色社会主义是“人间正道”的意蕴高度契合。

习近平引用的“人间正道是沧桑”一句，出自毛泽东的《七律·人民解放军占领南京》。成诗背景是辽沈、淮海、平津三大战役胜利结束，国民党反动统治摇摇欲坠。毛泽东和党中央审时度势，深刻揭露国民党“和谈”阴谋，向全国人民发出了“将革命进行到底”的号召。1949年元旦毛泽东撰写并发表了新年献词《将革命进行到底》，在这篇新年献词中，毛泽东号召全党、全军、全国人民坚决彻底干净全部地消灭一切反动势力，推翻国民党的反动统治，建立人民民主专政的共和国，绝不能使革命半途而废。在新年献词发表后，全国人民和解放军倍受鼓舞。毛泽东得知百万雄师过长江、一举占领南京城后，当天夜不能寐，激情作诗。他借古喻今，说明新旧两个政权的变更这种天翻地覆的沧桑巨变是时代所趋，深刻揭示了新民主主义革命的必然趋势和社会发展的客观规律。

习近平引用毛泽东“人间正道是沧桑”的诗句，意指改革开放以来，我们总结历史经验，不断艰辛探索，终于找到“中国特色社会主义”的正确道路。习近平妙用毛泽东诗词，以“雄关漫道”到“人间正道”的历史对接和持续发展，深刻揭示了从选择“只有社会主义才能救中国”到“坚定不移走中国特色社会主义强国之路”的“人间正道”，是实现中华民族伟大复兴中国梦的必由之路。在新时代，习近平多次引用和化用“人间正道是沧桑”，体现了高度的道路自信和实践创新的丰富内涵。

（一）阐明沧桑巨变的必然规律

习近平完整引用“人间正道是沧桑”的诗句，阐明中国大地沧桑巨变的必然规律和历史趋势。他指出今天我国历经沧桑选择的“人间正道”，“这条道路就是中国特色社会主义”。中国作为世界上最大的发展中国家，道路选择的艰巨性、复杂性和曲折性实属世所罕见。中国特色社会主义道路是实现社会主义现代化、创造人民美好生活的必由之路，是实现中华民族伟大复兴的希望之路。

（二）人类自由解放的道路

习近平化用“人间正道”，特指人类自由解放的道路和人民推动历史前进的“人间正道”。2018 年 5 月 4 日，习近平在纪念马克思诞辰 200 周年大会的讲话中又一次使用了“人间正道”：马克思主义是人民的理论，第一次创立了人民实现自身解放的思想体系，第一次站在人民的立场探求人类自由解放的道路，马克思主义“植根人民之中，指明了依靠人民推动历史前进的人间正道”①。在这里，人民推动历史前进的“人间正道”，就是指人类自由解放的道路。

（三）全人类文明发展的正道

“人间正道”，意指具有人类共同价值取向和普遍世界历史意义的发展正道。2024 年 6 月 28 日，习近平出席和平共处五项原则发表 70 周年纪念大会时郑重宣告：中国走和平发展道路的决心不会改变、同世界各国友好合作的决心不会改变、促进世界共同发展的决心不会改变。“我们绝不走殖民掠夺的老路，也绝不走国强必霸的歪路，而是走和平发展的人间正道。”②实质上，习近平已从当代中国社会发展的“人间正道”，进一步延伸到国际关系平等化的发展正道和全人类文明发展的“人间正道”。

（四）道义守正和占据道义制高点

坚守“正道”，专指道义守正和占据道义制高点。习近平从铁肩担道义的高度和核心价值观建设的深度，向党员干部和社会各界人士提出“守正道”“走正道”的明确要求。其中包括：引导党员特别是领导干部坚守正道、弘扬正气，坚持以信念、人格、实干立身；要求广大知识分子“坚守正道、追求真

① 习近平：《在纪念马克思诞辰 200 周年大会上的讲话》，人民出版社 2018 年版。

② 习近平：《弘扬和平共处五项原则　携手共建人类命运共同体——在和平共处五项原则发表 70 周年纪念大会上的讲话》，《人民日报》2024 年 6 月 29 日。

理”，身体力行带动全社会遵循社会主义核心价值观推进公民道德建设；弘扬中华传统美德，培育时代新风。①

四、世无难事，有志竟成：坚定走中国道路的高度自信

毛泽东诗词非常强调事业成功贵在立志，如“世无难事，有志竟成”（《四言诗·题〈中国妇女〉之出版》，1939 年 6 月）、“世上无难事，只要肯登攀”（《水调歌头·重上井冈山》，1965 年 5 月）、“中华儿女多奇志”（《七绝·为女民兵题照》，1961 年 2 月）等。习近平曾经引用过“世上无难事，只要肯登攀”的名句，强调只要我们选对了目标、走对了道路，有志者事竟成是必然规律。

新中国成立后，“站起来”的中国人民还需要进一步解决如何“站住脚”走向繁荣富强的重大问题。毛泽东从中国实际出发，依照科学社会主义创始人关于“和平赎买”的设想，成功地实现了对民族资产阶级采取“和平赎买”的政策，用“付定息”的方法把一个资产阶级改造成为自食其力的劳动者，这在世界社会主义发展史上是一个奇迹。

1956 年在全面开展社会主义建设时期，毛泽东又“以苏为鉴”，积极探索中国特色的工业化道路。他针对 1956 年赫鲁晓夫秘密报告和波兰、匈牙利事件，先后发表了《论十大关系》《关于正确处理人民内部矛盾的问题》等一系列重要讲话。这些为新中国的巩固和发展奠定了物质基础和制度基础，作了理论上的准备，积累了经验和教训。

在改革开放新时期，邓小平继承了我党走自己路的优良传统，强调无论革命还是建设都要走自己的道路。特别是我党在纠正了过去探索中的失误和克服“文化大革命”严重挫折以后，开辟了中国特色社会主义道路。改革开放四十多年来，中国共产党带领人民实现了从“站起来”到“富起来”的历史性飞跃，迎来了从“富起来”到“强起来”的新飞跃。在新时代，坚定不移走中国

① 《全面贯彻落实党的十八届六中全会精神　增强全面从严治党系统性创造性实效性》，《人民日报》2017 年 1 月 7 日。

特色社会主义的"人间正道"是我们党的战略抉择和优良传统，也是党和人民的制胜法宝和宝贵精神财富。

第二节　守初心、担使命，走好新时代的长征路

著名作家魏巍曾在《地球的红飘带》中形象地说，红军长征"像一支鲜艳夺目的红飘带挂在这个星球上，给人类给后世留下永远的纪念"。毛泽东在行军途中、作战间隙或骑在马背上创作的长征诗词，是镶嵌在这条红飘带上的璀璨明珠。毛泽东的长征诗词包括：《忆秦娥·娄山关》《十六字令·三首》《念奴娇·昆仑》《七律·长征》《清平乐·六盘山》《六言诗·给彭德怀同志》《沁园春·雪》等。党的十八大以来，习近平总书记几十次引用和化用毛泽东诗词引起人们的高度关注和广泛热议。习近平在引用化用毛泽东长征诗的同时，还亲自到江西于都、贵州遵义、宁夏将台堡实地考察。这三地正好是红军长征的出发点、遵义会议转折点、长征胜利会师点，把三点一线连贯起来看，守初心、担使命，走好新长征、共圆中国梦，有其深刻的寓意。恰似"三点一线"，高扬"地球上的红飘带"，吹响新长征路上的集结号。

一、江西于都：专访红军长征出发地，念想"红军不怕远征难，万水千山只等闲"的豪迈气概和初心使命

大凡人们立志行动的最初出发之地，往往是发宏愿、立初心之点。红军长征的起点在哪里？未必尽人皆知。如果领导干部也不知道红军长征是从哪里出发，那么就等于忘记了出发地、迷失了来时路，也就等于遗忘了初心和使命，淡化了责任和担当。2019 年 5 月 20 日，在全党开展"不忘初心、牢记使命"主题教育前夕，习近平专程赶到江西于都考察，有其深刻意蕴。在 2010 年全国党史工作会议上，习近平在讲话中举了一个例子。在一个省级市举办的一期中青年干部培训班上有一个学员提问："红军长征是从哪个地方出发的?"后来

学员之间就开始了争论，争来争去形成了两种主要的意见：一种意见说红军长征是从井冈山出发的，还有一种意见说是从遵义出发的。实际上这两种答案当然都是错误的。“参加这个培训班的对象是中青年干部，就是已经到了正处级、列入厅局级的后备，绝大部分人具有硕士、博士的学历。对于这些人来讲，以后是要担当重任、大任的，他们对党的历史的一些基本知识不了解是不应该的。”①江西于都作为当年中央红军万里长征出发地之一，就是一个铭记初心、牢记使命的红色教育点。

毛泽东1935年10月创作的《七律·长征》，艺术地再现了红军长征的全过程。“红军不怕远征难，万水千山只等闲”，作为这首诗起头的首联，理所当然反映了中央红军长征出发地始发点所抱持的初心和使命，当然它也是全诗的总领，表明党领导的工农红军不怕困难、战胜顽敌、夺取胜利的决心和意志始终贯彻于长征的全过程。站在当年中央红军集结出发地江西于都河畔，念想八万多红军将士夜色苍茫急速前进奔赴长征的历史场景，诵读“红军不怕远征难，万水千山只等闲”的诗句，会使人联想起革命理想高于天、视死如归一往无前的慷慨悲壮气氛。我们通过重走长征路、吟诵长征诗、讲述长征故事、缅怀革命先烈、弘扬长征精神，永远铭记初心、担当使命，走好实现中国梦的新长征。

习近平在江西于都考察时，重点讲了党心与民心、初心与恒心等问题，强调四个“不能忘记”：我们不能忘记党的初心和使命，不能忘记革命理想和革命宗旨，不能忘记革命先辈、革命先烈，不能忘记革命老区的父老乡亲。红军成功的奥秘在哪里？在于党的初心与亿万人民的民心紧紧相连、息息相通。习近平生动讲述了于都人民大智大勇掩护中央红军安全撤退去长征的感人故事，并且意味深长地指出：“以百姓心为心，与人民同呼吸、共命运、心连心，是党的初心，也是党的恒心。事业发展永无止境，共产党人的初心永远不能改变。”显然，在开展主题教育之前习近平到江西于都考察并发表重要谈话，意在告诫全党勿忘历史、继承传统，不要忘记中国共产党领导红军长征出发时所

① 曲青山：《正确学习和认识党的历史》，《解放日报》2015年5月17日。

抱持的初心和使命，在新时代继续守初心、担使命、去奋斗。

二、贵州遵义：三到历史转折点，彰显“雄关漫道真如铁，而今迈步从头越”的坚强决心和奋斗姿态

遵义，因中国共产党 1935 年 1 月召开的遵义会议而彪炳史册。在这里，红军转战 3 个多月，书写了“四渡赤水”的历史传奇。这里是中国共产党开始独立自主解决自身重大问题的地方。遵义会议实现了我党历史上的伟大历史性转折，是标志中国共产党走向成熟的一个里程碑。

习近平曾经多次到遵义，瞻仰遵义会议会址，颂扬遵义会议精神。他多次引用“雄关漫道真如铁，而今迈步从头越”绝非偶然。该句出自毛泽东的《忆秦娥·娄山关》，该词被专家称为诗词中“绝对一流的作品，写景状物、抒发胸臆，堪当精品”。[①]《忆秦娥·娄山关》全词分上下两阕。上阕起首“西风烈，长空雁叫霜晨月”，以“西风”“长空”“雁叫”“霜晨”“残月”五种景物的有序排列，辅以凛冽西风之“烈”和雁过凄厉之“叫”的呼应、暮色苍茫晨曦中的地上重“霜”与天上残“月”的照映，生动而真实地描绘了红军拂晓出发、进军娄山关去打硬仗的作战环境，情景交融地烘托出战争氛围和慷慨悲壮的意境。第三句承接第二句，以“霜晨月”叠句形式出现，强化红军艰苦作战环境和严酷氛围，并进一步延伸到对这种特定背景下红军战斗侧面的描述：“马蹄声碎，喇叭声咽。”这两句以“马蹄”与“喇叭”特有的标志，通过对红军在战场上发出的独特两种声音的生动描绘，特别是“碎”与“咽”的描绘用到了极致，富有想象力地展示了红军作战时军号阵阵吹、马蹄滴滴响，将士呼啸冲锋、勇于牺牲的战斗激情、悲壮画面。写景状物、叙事写意，描写了红军攻打娄山关战斗的无比惨烈和英雄豪气。

下阕反映了毛泽东带领红军再过娄山关的情景与心境，虽然依旧是情景交融，但是意境得到升华，抒怀更趋豪迈。前两句“雄关漫道真如铁，而今迈步

① 麓山子：《毛泽东诗词赏读》，太白文艺出版社 2015 年版，第 94 页。

从头越”是最为传神的对句，表达了对坚如钢铁的娄山关无所畏惧的精神，红军的铁脚板照样再次翻越娄山关，体现克敌制胜的高度自信。第三句承接第二句，以“从头越”叠句形式出现，强化毛泽东二次翻越娄山关的心情与意境。而今能够“迈步”再越，表明经过红军战斗胜利，“雄关”已成通途，但战斗未有穷期。最后两句“苍山如海，残阳如血”是毛泽东神来之笔、得意之作。它既从一个侧面反映战斗的悲壮和惨烈，又预示未来道路漫漫更艰难，更需要红军奋勇向前、永远奋斗。下阕五句总起来看，一方面是再克娄山关，彰显勇夺雄关之后的胜利喜悦；另一方面被眼前黄昏景色所震撼，置身群山环抱的青翠“苍山”之中，一眼望去浩如大海，衬托出西下“残阳”殷红如血。画面感、色彩感、灵动感极强，意境很深。貌似写景，实则写的非自然之景，而是作者眼中之景、内心之境。情景交融，我在景中、景中有我，重在写情中之景，表达景中之情。毛泽东说：“‘苍山如海，残阳如血’两句，是在战争中积累了多年的景物观察，一到娄山关这种战争胜利和自然景物的突然遇合，就造成自以为颇为成功的这两句话。”

后来，毛泽东还亲自解释当时心境的重大变化：“万里长征，千回百折……过了岷山，豁然开朗，转化到了反面，柳暗花明又一村了。以下诸篇，反映了这一种心情。”“以下诸篇”，特指《忆秦娥·娄山关》之后创作的《十六字令三首》《念奴娇·昆仑》《七律·长征》《清平乐·六盘山》等。毛泽东诗词凸显的革命浪漫主义精神、乐观主义精神与英雄主义精神交相辉映，“卷巨澜”“奔腾急”“战犹酣”等慷慨激越的战斗精神与“从头越”“不到长城非好汉”的勇毅执着追求互相照应，“横空出世”的宏大气势、“太平世界”的美好憧憬与“数风流人物，还看今朝”的高度自信和无比自豪竞相迸发。这一切都表明，诗人心情的变化与遵义会议伟大历史性转折高度吻合。

2015 年 6 月 16 日，习近平到贵州遵义参观遵义会议陈列馆时指出：“我们要运用好遵义会议历史经验，让遵义会议精神永放光芒。”他要求给大家好好讲遵义会议的故事，“告诉大家我们党是怎么走过来的”。他说：“这是我第三次来遵义，特别想了解老百姓尤其是农民的生活。我们的第一个百年目标是到 2020 年全面建成小康，没有农民的小康就不是全面小康。这次来贵州调研一个很重要的主题就是了解贫困人口如何脱贫致富。群众拥护不拥护是我们检验工作的重要标准。”

三、宁夏将台堡：参观红军胜利会师点感悟“不到长城非好汉”的意志品格和胜利喜悦

将台堡位于宁夏固原市西吉县城，是古代的军事要塞，战国秦长城在这里向东转折。1936 年 10 月 22 日，红军长征主力在将台堡胜利会师。当时红军跨越了六盘山这一长征路上最后一座高山之后，就可长驱直入陕北根据地，新的征战即将开启，毛泽东瞻望前景，豁然开朗，兴之所至填写了《清平乐·六盘山》这首词。

习近平引用《清平乐·六盘山》中“不到长城非好汉”名句，具有开启新长征的深刻寓意。2013 年，在纪念毛泽东诞辰 120 周年座谈会上，习近平指出：“实现我们确立的奋斗目标，我们既要有‘乱云飞渡仍从容’的战略定力，又要有‘不到长城非好汉’的进取精神。”2016 年，在红军长征胜利 80 周年之际，习近平在参观宁夏固原三军会师纪念馆时深情地说，我们党领导的红军长征，谱写了豪情万丈的英雄史诗。红军长征创造了中外历史的奇迹，革命理想高于天，不怕牺牲、排除万难去争取胜利，面对形形色色的敌人决一死战、克敌制胜，这些都是长征精神的内涵。我们要继承和弘扬好伟大的长征精神。有了这样的精神，没有什么克服不了的困难。习近平对宁夏地方干部强调，要大力弘扬“不到长城非好汉”的精神，走好新的长征路。他强调，长征永远在路上，这次专程来这里，就是缅怀先烈、不忘初心，走好实现“两个一百年”奋斗目标新的长征路。我们完全有信心有决心有恒心实现中华民族伟大复兴的中国梦。

习近平重走于都、遵义、将台堡三地发表重要谈话、引用毛泽东诗词，旨在高扬“地球上的红飘带”，讴歌伟大的长征精神。长征传奇和长征诗词具有不可估量的精神价值。“革命理想高于天”，伟大的长征精神是红军前进的精神

支柱和克敌制胜的政治灵魂。

习近平高度重视提炼概括“长征精神”，认为它是“中国共产党人红色基因和精神族谱的重要组成部分，已经深深融入中华民族的血脉和灵魂”。2019年8月，习近平对“记者再走长征路”主题采访活动作出重要指示，明确指出：广大党员、干部要认真学习党史、新中国史，深刻认识红色政权来之不易、新中国来之不易、中国特色社会主义来之不易……不断跨越前进道路上新的“娄山关”“腊子口”，在实现中华民族伟大复兴的历史进程中走好新时代的长征路。

在新的征途中，面对暴风骤雨、惊涛骇浪，我们仍然要有“红军不怕远征难”的决心，要有“革命理想高于天”的执着，要有“不到长城非好汉”的意志，万众一心、众志成城、不懈奋斗，为实现中华民族伟大复兴中国梦作出应有的积极贡献。

第三节　弘扬壮志豪情，建设美好生活的新天地

新中国成立初期，我国经济基础非常落后，毛泽东在1954年6月14日所作的《关于中华人民共和国宪法草案》讲话中指出：“现在我们能造什么？能造桌子椅子，能造茶碗茶壶，能种粮食，还能磨成面粉，还能造纸，但是，一辆汽车、一架飞机、一辆坦克、一辆拖拉机都不能造。”①他强调，如果不改变这种情况，中国就有可能被开除地球的球籍。我们的总目标是，大概经过五十年到一百年，建设一个现代化的社会主义国家。中华民族有志气有能力自立于世界民族之林。新中国成立以后，毛泽东诗词的创作进入一个新的高潮，留下了《浪淘沙·北戴河》《水调歌头·游泳》《七律二首·送瘟神》《七律·到韶山》《满江红·和郭沫若同志》《水调歌头·重上井冈山》等不少杰作。毛泽东的这些诗篇内容丰富、气势宏大，是独立自主、自力更生的励志篇，是建设幸

① 《毛泽东文集》第6卷，人民出版社1999年版，第180页。

福美好生活的正气歌，是建设现代化强国的奋斗曲。

习近平大量引用和化用毛泽东的“一唱雄鸡天下白”“不管风吹浪打”“乱云飞渡仍从容”“为有牺牲多壮志，敢教日月换新天”“只争朝夕”“拒腐蚀，永不沾”“世上无难事，只要肯登攀”“可上九天揽月，可下五洋捉鳖”等精彩诗句，这些诗句既体现了以毛泽东为主要代表的共产党人决心与苏联分道扬镳、探索中国工业化道路和实现社会主义现代化的坚强决心，又总结了改革开放以来我党领导人民建设中国特色社会主义的成功经验和规律性认识，更展现了新时代坚持和发展中国特色社会主义、实现民族复兴中国梦的意志品格。

一、“一唱雄鸡”表明换了人间

1949 年 9 月 21 日，中国人民政治协商会议召开。毛泽东在开幕词中明确说：“我们的工作将写在人类的历史上，它将表明：占人类总数四分之一的中国人从此站立起来了。”10 月 1 日开国大典，毛泽东在天安门城楼上向全世界庄严宣告：“中华人民共和国中央人民政府今天成立了！”

2014 年 9 月 30 日，习近平在国庆 65 周年招待会上的讲话中，动情地引用了毛泽东诗词中的“一唱雄鸡天下白”，向中外来宾强调中华人民共和国的诞生，使亿万中国人民满怀豪情开始了实现国家富强、民族振兴、人民幸福的伟大征程。习近平引用的毛泽东这一名句意味深长，十分到位。每逢国庆佳节我们都可以从“一唱雄鸡”的诗情画意中引出新中国诞生的光辉历史，由“一声鸡唱”引发无数关于中国共产党为什么能、马克思主义为什么行、社会主义为什么好、新中国发展为什么快的精彩故事。

“一唱雄鸡天下白”，出自毛泽东 1950 年 10 月作的《浣溪沙・和柳亚子先生》。当年 10 月 3 日晚，毛泽东与柳亚子等人在中南海怀仁堂一起观看各少数民族文工团的文艺晚会。他兴致勃勃地对柳亚子说：“这样的盛况，您为什么不填词以志盛呢？我来和。”于是柳亚子即席赋《浣溪沙》一首呈送毛泽东。第二天毛泽东“因步其韵奉和”，回赠柳亚子。全词是：“长夜难明赤县天，百年魔怪舞翩跹，人民五亿不团圆。一唱雄鸡天下白，万方乐奏有于阗，诗人兴会更无前。”该词虽然是一首 42 字的小令，却是一首伟大史诗和国庆诵诗。上下两阕，两次出现“天”，“天下白”对应“长夜”天，形成了新旧社会两重天的鲜明对照；以国庆一周年呈现的各民族团结的歌舞盛会对应往昔“魔怪舞翩跹”“人民不团结”的凄惨历史，用“百年”“五亿”“万方”的数量字，衬托中国近代百年历史沧桑巨变的生动写照，具有穿越时空的历史厚重感。最妙的是“鸡唱”，下阕第一句是化用唐代诗人李贺《致酒行》中的“雄鸡一声天下白”，毛泽东特意将“声”字改为“唱”字，雄鸡一唱，天就亮了，中国解放了，人民翻身了。郭沫若曾高度称赞“一字之改”的点化艺术，他说：“这点石成金的飞跃性点化，表现着时代的飞跃、思想的飞跃、艺术的飞跃。”毛泽东本人对这一点化艺术和来神之笔，也是非常得意，情有独钟的。1965 年 5 月，他在《念奴娇・井冈山》的尾句中，又一次出现点化之笔：“一声鸡唱，万怪烟消云落。”由此可见，“一声鸡唱”的一字点化，体现了毛泽东诗词的诗词艺术与思想艺术在历史的交汇处的巧妙结合与有机融合起来，彰显了这一“颂诗”的思想性、政治性、历史性与艺术性的高度统一。

与“一唱雄鸡天下白”“一声鸡唱，万怪烟消云落”遥相呼应、相互佐证的是“换了人间”“人间变了”，意指金鸡长鸣，宣告解放。“换了人间”出自 1954 年夏毛泽东创作的《浪淘沙・北戴河》，这是一首穿透历史的豪放雄词。毛泽东填词当天，北戴河狂风大作、暴雨倾盆、白浪滔天。毛泽东无惧惊涛骇浪，认为风浪越大越好，可以锻炼人的意志。他一头扎进浪涛汹涌的大海，在海滨畅游了一个多小时，上岸后乘兴填词一首。

全词以“大雨落幽燕，白浪滔天”起首，中间部分从古“幽燕”之地的写景状物到“千年往事”的时空穿越，从秦皇、汉武到新中国变迁的历史中穿行。最后以“萧瑟秋风今又是，换了人间”收尾，定格在“换了人间”，意味深长。通常诗人发思古之幽情，往往是为了表达现在的心情和感受，但其诗风与意境却有天壤之别。毛泽东在谈及创作动机时，曾经说过：“李煜写的《浪淘沙》都属于缠绵婉约一类，我就以这个词牌反其道而行之，写了一首奔放豪迈的，也算是对古代诗坛靡弱之风的抨击吧。”由此可见，毛泽东这首词从诗风创新到政治写意，从幽州思古到歌颂祖国，从海浪的威猛到意志的刚强，从自然美景到人文精神，内涵极其丰富、思想非常深刻，令人百读不厌，浮想联翩。

二、“天翻地覆”展现沧桑巨变

1921 年中国共产党诞生时，古老的中国正遭遇大变局。毛泽东说：“中国产生了共产党，这是开天辟地的大事变”。在毛泽东诗词中，“天地”很大，凡有“天地”诗心者，其诗词往往心气超人、气势宏伟。毛泽东诗词中论及“天地”的诗句有“万类霜天竞自由”“问苍茫大地，谁主沉浮?”“狂飙为我从天落”“欲与天公试比高”“天若有情天亦老，人间正道是沧桑”，等等。毛泽东在人民解放军一举解放南京到新中国成立初期创作的诗词，从不同角度体现了“今”与“昔”的鲜明对比，展现中国的天翻地覆、沧桑巨变和人民当家作主、换了人间的恢宏历史和辉煌成就。

在毛泽东诗词中，“翻覆”一词出现了三次。第一次：1949 年 4 月《七律・人民解放军占领南京》的“虎踞龙盘今胜昔，天翻地覆慨而慷”和“天若有情天亦老，人间正道是沧桑”。第二次：1965 年 5 月《念奴娇・井冈山》的“弹指三十八年，人间变了，似天渊翻覆”。毛泽东在重回革命圣地故地重游，回忆激情燃烧的岁月、怀念革命先烈，同样会“夜不能寐”“欣然命笔”留下诗篇，感怀“新”与“旧”社会的天壤之别，纵情歌颂亿万人民在党的领导下开天辟地、改天换地，建设新中国、创造新生活的壮丽图景。类似的诗句还有 1959 年 6 月《七律・到韶山》的“为有牺牲多壮志，敢教日月换新天”；1965 年 5 月《水调歌头・重上井冈山》的“千里来寻故地，旧貌变新颜”等。第三次：1965 年秋《念奴娇・鸟儿问答》的“试看天地翻覆”。毛泽东通过天与地之翻覆、今与昔之对比、新与旧之变化，表明“人间正道是沧桑”是大势所趋的客观规律；“一唱雄鸡天下白”，标志中国人民站起来了；“天地翻覆”证明换了人间、人间变了，旧貌换新颜。这些诗句说明，我们不但要打碎一个旧世界，而且还要善于建设一个新世界。

三、化用“新天地”、敢创新奇迹

在毛泽东关于新中国建设的诗篇中，脍炙人口的名句很多，如“一桥飞架南北，天堑变通途”“春风杨柳万千条，六亿神州尽舜尧”“为有牺牲多壮志，敢教日月换新天”“多少事，从来急；天地转，光阴迫。一万年太久，只争朝夕”“军民团结如一人，试看天下谁能敌”“可上九天揽月，可下五洋捉鳖”“世上无难事，只要肯登攀”等等。党的十八大以来，习近平喜欢引用和化用毛泽东“敢教日月换新天”的诗句，不仅以此描述我们党和人民经过28年浴血奋战和顽强奋斗，实现了几代中国人梦寐以求的民族独立和人民解放，而且还善于化用这一诗句弘扬新时代的革命精神和英勇气概。

“为有牺牲多壮志，敢教日月换新天”，出自毛泽东1959年6月作的《七律·到韶山》。该诗作一方面怀念革命先烈为革命英勇牺牲、壮志未酬；另一方面继承和弘扬革命先烈的遗愿，立志改造旧中国，建设新中国，开辟新天地。

2014年3月，习近平考察兰考，要求向焦裕禄学习，弘扬焦裕禄“敢教日月换新天”“革命者要在困难面前逞英雄”的奋斗精神，鼓励全党全国人民发扬“敢教日月换新天”的壮志豪情，为实现中华民族伟大复兴而不懈奋斗。2015年11月27日，在中央扶贫开发工作会议上，习近平强调：脱贫攻坚战考验着我们的精神状态、干事能力、工作作风，各级党委和政府必须“拿出‘敢教日月换新天’的气概，鼓起‘不破楼兰终不还’的劲头，攻坚克难，乘势前进。”2018年2月，习近平在春节团拜会上引用毛泽东“为有牺牲多壮志，敢教日月换新天”的诗句，激励党员干部和广大群众为幸福美好生活而奋斗。2021年6月29日，习近平在庆祝中国共产党成立100周年“七一勋章”颁授仪式上指出，全党同志都要保持“越是艰险越向前”的英雄气概，保持“敢教日月换新天”的昂扬斗志，埋头苦干、攻坚克难，努力创造无愧于党、无愧于人民、无愧于时代的业绩。

把“敢教日月换新天”转化为开辟“新天地”，是习近平“化用”毛泽东诗词的又一杰作。习近平在引用毛泽东“敢教日月换新天”诗句时，善于联系当代中国共产党人的初心使命。他期望人们“勇于创业、敢闯敢干，努力在改革开放中闯新路、创新业，不断开辟事业发展新天地”。他认为，有了毛泽东那样“自信人生二百年，会当水击三千里”的高度自信，弘扬开拓创新精神，“我们就能毫无畏惧面对一切困难和挑战，就能坚定不移开辟新天地、创造新奇迹。”循此思路，《人民日报》2018 年 8 月 13 日刊发署名“宣言”的文章《改革开放天地宽》，明确指出改革开放“使古老而又年轻的社会主义中国走向充满希望、充满生机的新天地”“人民生活跃进新天地”“强国复兴打开新天地”“社会主义展现新天地”。从援引“日月换新天”到“开辟新天地”的诗情画意中，凸显了为新时代建设幸福美好生活而不懈奋斗的高度自信。

从“两可”到“两敢”，一字之改，深刻地揭示了富有时代气息的中国精神，这又是习近平化用毛泽东诗词的一个佳话。2013 年 5 月 4 日，习近平来到中国航天科技集团公司中国空间技术研究院，参加共青团“实现中国梦，青春勇担当”主题团日活动。在展厅里，看了航天成就展，听了“蛟龙”号载人潜水器介绍，习近平高兴地说：“上天入海，这就叫‘敢上九天揽月，敢下五洋捉鳖’。”同年 6 月 11 日，习近平亲临酒泉卫星发射中心，为即将出征的“神舟十号”载人飞船航天员壮行，并点赞航天英雄“展现了中国人‘敢上九天揽月’的豪情壮志”。这两处诗句的化用，取自毛泽东 1965 年 5 月所作《水调歌头·重上井冈山》的“可上九天揽月，可下五洋捉鳖”对句。

1927 年 10 月，毛泽东同志带领秋收起义的队伍初上井冈山，创建了我国第一个农村革命根据地，开辟了农村包围城市、武装夺取政权的新民主主义革命道路，是人们津津乐道说不完的故事。其中，“可上九天揽月，可下五洋捉鳖”和“世上无难事，只要肯登攀”是被人们引用最多、影响最大的经典名句，传神地表现了新社会人民当家作主、建设幸福美好生活的豪迈气概与建设现代化强国的雄心壮志。

习近平吟诵的“敢上九天揽月，敢下五洋捉鳖”，把原作的“可”字改为“敢”字，一字之差，大不相同。“可”，意即可以或可能；“敢”，指勇敢和果敢。“敢”字当头，敢想敢做、敢说敢为，把敢闯敢试敢干作为科技创新的强大引擎，不断攀登新的高峰，再创新的辉煌。

总之，习近平引用巧妙毛泽东“一唱雄鸡天下白”“人间正道是沧桑”“敢教日月换新天”等经典名句，一方面告诫人民不要忘记中国革命苦难辉煌的历史、不要忘记勇于牺牲的革命先烈、不要忘记党的宗旨和初心使命，另一方面弘扬毛泽东和中国共产党人倡导的崇高理想和革命精神，凝心聚力、同心同德，为建设我们的精神家园、建设幸福美好生活、建设繁荣富强的社会主义现代化强国不懈奋斗。

习近平在2019年新年贺词中强调：“新征程上，不管乱云飞渡、风吹浪打，我们都要紧紧依靠人民，坚持自力更生、艰苦奋斗，以坚如磐石的信心、只争朝夕的劲头、坚韧不拔的毅力，一步一个脚印把前无古人的伟大事业推向前进。”①

第一句“乱云飞渡”，是“乱云飞渡仍从容”的缩写，前半句是“暮色苍茫看劲松”，出自《七绝·为李进同志题所摄庐山仙人洞照》。当时，国内经济形势比较困难，国际上的政治施压、经济封锁以及孤立和威胁依然严峻。面对挑战，毛泽东赋诗一首，表达了中国人民正气凛然、从容不迫的英勇气概与精神定力。

第二句“风吹浪打”，是“不管风吹浪打”的缩写，出自《水调歌头·游泳》，后半句是“胜似闲庭信步”。这首词作于社会主义全面建设的高潮之中，反映了经受大风大浪考验和藐视一切困难的意志品格。

第三句“只争朝夕”，出自《满江红·和郭沫若同志》。这首词最具震撼力和冲击力的名句是“多少事，从来急；天地转，光阴迫。一万年太久，只争朝夕”。其中，以“世事急”呼应“光阴迫”，以“争朝夕”反衬“万年久”，风格雄浑，催人奋进，“一万年太久，只争朝夕”更是为人广泛吟诵和引用。

习近平连用这三句诗，表达风格上言简意赅、朗朗上口，起到了一点就通的效果。面对国际风云变幻，我们要振奋精神、积极应对，紧紧依靠人民，坚

① 《国家主席习近平发表二〇一九年新年贺词》，《人民日报》2019年1月1日。

持自力更生、艰苦奋斗，一步一个脚印努力实现中华民族伟大复兴的宏伟目标。

第四节　新时代新担当新作为亟须只争朝夕精神

党的十八大以来，习近平在各种场合频繁引用的毛泽东诗词名句是“只争朝夕”。他巧妙化用并深刻阐释“只争朝夕”精神，其论述内容涵盖了历史与现实、国内与国际、经济社会发展和国防军队建设等各个方面。习近平对“只争朝夕”的创造性引用，与中国特色社会主义进入新时代的深刻背景高度契合，与我党一贯倡导不忘初心、牢记使命、永远奋斗的精神状态有机融合。学习和践行“只争朝夕”精神，业已成为习近平引用毛泽东诗词的一个经典范例和党员干部永不懈怠、执着追求的奋斗姿态。

一、“只争朝夕”意在表明历史主动性和时间在我们这边

“只争朝夕”，出自毛泽东的《满江红·和郭沫若同志》。1963 年 1 月 9 日，时年 70 岁的毛泽东写下了这首脍炙人口的词。“只争朝夕”，是该词中最传神的名句，最能反映出在特定时代背景下毛泽东的个性、气质和精神境界。

《满江红·和郭沫若同志》中最具视觉冲击力和心灵震撼力的金句是：“多少事，从来急；天地转，光阴迫。一万年太久，只争朝夕。四海翻腾云水怒，五洲震荡风雷激。”曾经被人们广泛吟诵和频繁引用。毛泽东对“天地转，光阴迫。一万年太久，只争朝夕”的注解是：“你要慢，我就要加快，反其道而行之。你想活一万年？没有那么长。我要马上见高低，争个明白，不容许搪塞。但其实时间在我们这边，‘只争朝夕’，我们也没有那么急。”[①]毛泽东以“只争朝夕”精神，激励我们“必须准备进行具有许多新的历史特点的伟大斗

① 沙先贵：《毛泽东诗词文化解读》，湖北人民出版社 2012 年版，第 82 页。

争”那种高昂的奋斗姿态。毛泽东以世事之“急”呼应光阴之“迫”，以“朝夕”反衬“万年”，以“云水怒”引发“风雷激”，既有艺术美感，又有雄浑风格，特能催人奋进。我们在吟诵毛泽东诗词之际，强烈地感受到毛泽东虽步入垂暮之年，依然壮心不已的心境和意向。

20 世纪 60 年代，一方面，世界局势动荡不安，国际风云变幻；另一方面，苏联撕毁合同，撤走专家，断绝援助，国际环境险峻。与此同时，我国国内正处在社会主义全面建设起步阶段，又遭遇三年严重困难。一时间，“乱云飞渡”“妖雾重来”“雪压冬云白絮飞，万花纷谢一时稀”“高天滚滚寒流急，大地微微暖气吹”。面对霸权主义和强权政治的严峻挑战，面对我党对社会主义现代化道路探索的曲折和艰辛，毛泽东带领中国共产党和中国人民斗志愈坚、毅力更强。自 1959 年至 1965 年间，毛泽东写的十多首诗词大多与这一特定背景直接有关。它们集中反映了我国坚定捍卫社会主义伟大事业，只争朝夕地建设社会主义现代化的决心和意志。毛泽东用诗词为武器，坚决斗争，顶住逆流。这充分表明，我们在“黑云压城城欲摧”的严酷环境和重压之下，依然呈现“乱云飞渡仍从容”“不管风吹浪打，胜似闲庭信步”的淡定与自信；面临西方封锁和苏联打压，独立自主艰苦创业，抒发了“为有牺牲多壮志，敢教日月换新天”的豪情壮志，表明“世上无难事，只要肯登攀”的追求与韧性；面对“凶神张口吐烟霞”的逆流，彰显了“已是悬崖百丈冰，犹有花枝俏”的风骨和傲气，坚信“东风压倒西风”的趋势和潮流。特别是《满江红・和郭沫若同志》一词，集中反映了毛泽东站在时代的高度，穿越宇宙和历史的深邃，以一种义无反顾的决断、催人奋进的斗志，以革命英雄主义精神和乐观主义态度瞻望社会主义发展的美好愿景，激励我们攻坚克难、化险为夷，夺取胜利。毛泽东这首词生动地展现了一代伟人从青春年少萌发“自信人生”的鸿鹄之志，到古稀之年仍在壮怀激烈“只争朝夕”的奋斗精神和人格魅力，教育和激励了中国共产党和中国人民的顽强意志和精神风貌。中国共产党领导人民在一穷二白的基础上，白手起家奠定了社会主义的物质基础和制度基础，创造了社会主义建设的人间奇迹。

二、以“只争朝夕”精神开创中国特色社会主义新局面

“只争朝夕”精神，是在伟大梦想、崇高信仰的驱使下，或在险恶环境、严峻形势的重压之下激发出来的一种高昂时代精神。正因为形势逼人、挑战逼人、使命逼人，逼出了新时代“只争朝夕”的奋斗精神。党的十八大以来，习近平在大力倡导实现中国梦的奋斗精神时引用毛泽东“只争朝夕”的名句，旨在激励人民砥砺前行的精神动力，也蕴含了深刻寓意和丰富内涵。

（一）发扬“只争朝夕”的奋斗精神，共同投身实现中华民族伟大复兴的宏伟事业

现在，最为关键的是要以时不我待、只争朝夕的精神投入工作，团结奋进，把梦想变成现实。

中国特色社会主义进入新时代，我们肩负着新的历史使命，面临着新的风险和挑战、新的困难和问题，更需要发扬“只争朝夕”的精神。为此，我们要以毛泽东、周恩来等老一辈革命家为杰出楷模，“以时不我待、只争朝夕的精神”，“努力创造经得起实践、人民、历史检验的实绩，无愧于时代，无愧于人民，无愧于历史”①。为此，“全国各族人民都要向劳模学习，以劳模为榜样，发挥只争朝夕的奋斗精神，共同投身实现中华民族伟大复兴的宏伟事业”②。为此，我们要做到坚持和发展中国特色社会主义要一以贯之，推进党的建设新的伟大工程要一以贯之，增强忧患意识、防范风险挑战要一以贯之，把力量凝聚到共同投身实现中华民族伟大复兴的宏伟事业上来，不断开创新时代中国特色社会主义新局面。我们要奋力走好新时代的长征路，必须发扬只争朝夕的精神；我们要齐心协力实现民族复兴中国梦，必须以奋发有为的精神状态、攻坚克难的拼搏意志、只争朝夕的紧迫劲头，把现代化发展的宏伟蓝图一步一步变

① 习近平：《在纪念周恩来同志诞辰120周年座谈会上的讲话》，《人民日报》2018年3月2日。

② 习近平：《在同全国劳动模范代表座谈时的讲话》，《人民日报》2013年4月29日。

为现实。①

（二）干社会主义事业需要“只争朝夕”的紧迫劲头

社会主义是干出来的，如果不干，连半点社会主义也没有。中国特色社会主义进入新时代，不是轻轻松松、敲锣打鼓就能进入的。中国特色社会主义新时代是干出来的，“幸福是靠奋斗得来的”，我们必须“撸起袖子加油干”。只有以“时不我待、只争朝夕”的精神投入工作，把力量凝聚到实现党的二十大确定的目标任务上来，才能不断开创新时代中国特色社会主义事业新局面。2024年6月24日，习近平在全国科技大会、国家科学技术奖励大会和中国科学院第二十一次院士大会、中国工程院第十七次院士大会上指出：“现在距离实现建成科技强国目标只有11年时间了。我们要以‘十年磨一剑’的坚定决心和顽强意志，只争朝夕、埋头苦干，一步一个脚印把这一战略目标变为现实。”②

当前，我们只争朝夕真抓实干的工作重点，主要集中在以下几个方面：

1.“只争朝夕”推进实现中国梦的“四个全面”战略布局

只争朝夕的目的，首先在于全面推动党和国家各项事业取得新的成绩。当务之急，我们要在全面建成社会主义现代化国家，推进社会主义经济建设、政治建设、文化建设、社会建设、生态文明建设；全面深化改革，着力解决中国式现代化的体制机制问题；全面依法治国，推进法治中国建设；全面从严治党，深入推进新时代党的建设新的伟大工程。

2.“只争朝夕”促进社会主义两个文明都强起来

新时代中国特色社会主义的发展目标，不仅要在物质上强大起来，而且要在精神上强大起来。而要坚持物质文明和精神文明两手抓两手硬，必须加强思想教育，坚定理想信念，“弘扬昂扬向上、只争朝夕、奋勇争先的良好精神状态，坚决扫除那些腐朽的、丑陋的、邪恶的现象，让阳光的、美好的、高尚的

---

① 《准确把握和抓好我国发展战略重点　扎实把“十三五”发展蓝图变为现实》，《人民日报》2016年1月31日。

② 习近平：《在全国科技大会、国家科学技术奖励大会、两院院士大会上的讲话》，《人民日报》2024年6月25日。

思想和行为更好占领阵地，进而普及开来，在全社会蔚然成风”。①

3. 以“只争朝夕”的紧迫感切实抓出科技创新成效

世界科技革命风起云涌，科技进步日新月异。我国科技创新“不能等待观望，不可亦步亦趋，当有只争朝夕的劲头”。②时不我待，我们必须增强紧迫感，及时确立发展战略，全面增强自主创新能力。我国科技界要坚定创新自信，坚定敢为天下先的志向，在独创独有上下功夫，勇于挑战最前沿的科学问题，提出更多原创理论，作出更多原创发现，力争在重要科技领域实现跨越发展，跟上甚至引领世界科技发展新方向，掌握新一轮全球科技竞争的战略主动。

4. 以“只争朝夕”的担当精神推进国防和军队现代化

当今世界，新军事革命风起云涌，军队建设与现代国防是中国特色社会主义的坚强柱石。我军由机械化向信息化迈进任重道远，我们必须以只争朝夕、敢于担当的精神急起直追。在全球国防现代化和激烈军事竞争的态势中，只有正视差距，才能聚力追赶；只有目标坚定，才能再铸辉煌。习近平强调：“全军要增强忧患意识、危机意识、使命意识，以只争朝夕的精神推进国防和军队现代化，担负起维护国家主权、安全、发展利益的重大责任。”③中国梦在军队建设中具体表现为强军梦。在推动军民融合深度发展中，也要只争朝夕紧抓快干，确保新时代强军兴军使命任务落地见效。

5.“只争朝夕”为人民幸福而奋斗

只争朝夕的奋斗精神，首先体现在中国共产党为中国人民谋幸福而不懈奋斗，我们要顺应人民群众对美好生活的向往，坚持以人民为中心的发展思想，解决好现阶段我国社会的主要矛盾，使人民有获得感、幸福感、安全感。习近平强调，幸福都是奋斗出来的，为幸福而奋斗是幸福的。当然，奋斗也是艰辛的、长期的、曲折的。“‘为有牺牲多壮志，敢教日月换新天’，要奋斗就会有

---

① 《习近平李克强张德江俞正声分别参加全国两会一些团组审议讨论》，《人民日报》2014 年 3 月 7 日。

② 习近平：《为建设世界科技强国而奋斗——在全国科技创新大会、两院院士大会、中国科协第九次全国代表大会上的讲话》，《人民日报》2016 年 6 月 1 日。

③ 习近平：《在纪念红军长征胜利 80 周年大会上的讲话》，《人民日报》2016 年 10 月 22 日。

牺牲，我们要始终发扬大无畏精神和无私奉献精神。”①

（三）发扬“只争朝夕”精神，做好新时代新担当新作为的干部

由中共中央办公厅印发并实施的《关于进一步激励广大干部新时代新担当新作为的意见》明确提出：“教育引导广大干部深刻领会新时代、新思想、新矛盾、新目标提出的新要求，以时不我待、只争朝夕、勇立潮头的历史担当，努力改革创新、攻坚克难，不断锐意进取、担当作为。”这是对习近平引用“只争朝夕”诗句的拓展和延伸，对激发广大干部的责任担当和积极作为具有重大意义。

1.“只争朝夕”彰显强烈的历史机遇意识

习近平在新时代要求领导干部把“时不我待”与“只争朝夕”相结合，使客观判断与主观努力相统一，体现了中国共产党和中国人民的强烈机遇意识。一方面，明确当前我国发展依然处在和平发展战略机遇期中，机不可失时不再来，我们要有“时不我待”的紧迫感；另一方面，机会只降临给有准备的头脑，党员领导干部要带领广大群众以“只争朝夕”的精神把握好大有作为的重要发展机遇期，努力奋斗实现民族复兴中国梦的历史性飞跃。

2.“只争朝夕”坚守人民主体的执政理念

毛泽东诗词历来崇尚人民的主体地位和创造作用，从“问苍茫大地，谁主沉浮”“数风流人物，还看今朝”，再到“六亿神州尽舜尧”“遍地英雄下夕烟”，歌颂了人民创造历史的伟大力量。习近平要求领导干部“以人民为中心”“不忘初心、牢记使命”，倡导“时不我待、只争朝夕”精神，体现了中国共产党人尊重和发挥人民群众“只争朝夕”的主体意识，激发了人的主观能动性的真正优势。在推进社会主义现代化进程中，终极目标是为人民谋幸福、为民族谋复兴，使广大人民群众有获得感、幸福感、安全感。

3.“只争朝夕”凸显领导干部的责任担当

在新的历史条件下，发扬“只争朝夕”精神，是党员领导干部的基本素养和重要形象，是努力做好“新时代新担当新作为”干部的精神状态和紧迫劲

① 习近平：《在2018年春节团拜会上的讲话》，《人民日报》2018年2月15日。

头。新时代是奋斗者的时代，我们一方面要以“只争朝夕”精神强调主观努力、激励干部内在的责任担当，另一方面要用机制激励人、宽容人、选拔人。通过建立激励机制和容错纠错机制，进一步鼓励广大干部新时代新担当新作为，创造良好环境确保干部只争朝夕干事业。

4.“只争朝夕”体现气势如虹的顽强斗志

诗言志，毛泽东在长短参差的句式里穿插着雄浑激越的音韵节奏，蕴含着内心强大和高昂精神，抒发了“只争朝夕”背后的宏大志向：“要扫除一切害人虫，全无敌。”毛泽东历来倡导大无畏的革命精神，在新中国成立初期，面对西方的围堵，毛泽东要求“全军民，要自立，不怕压，不怕逼，不怕刀，不怕戟，不怕鬼，不怕魅，不怕帝，不怕贼”，并且铿锵有力地回应：“独有英雄驱虎豹，更无豪杰怕熊罴”，“封锁吧，封锁十年八年，中国的一切问题都解决了。中国人死都不怕，还怕困难么”。这充分表明中国共产党和中国人民推进社会主义事业发展，要战胜一切困难、压倒一切敌人，夺取新的胜利的意志和决心。党的十八大以来，习近平化用“只争朝夕”，要求领导干部“必须准备进行具有许多新的历史特点的伟大斗争”。这种斗争既包括决胜小康、建成强国、构建人类命运共同体，又包括应对全球经济危机、防范和应对各种重大风险、精准脱贫、清除环境污染、消除腐败现象、抵制霸权主义和强权政治、反对分裂主义、恐怖主义和极端势力等等。凡是危害人民和国家利益的“害人虫”，我们都要只争朝夕积极应对，务必扫除，不断开创中国特色社会主义新局面。

三、以“只争朝夕”精神攀登美好世界伟大高峰的历史经验

毛泽东的《满江红·和郭沫若同志》一词发表半个多世纪来，“只争朝夕”这个名句不仅被国人广为传颂和酷爱吟诵，甚至引起外国友人的浓厚兴趣和高度推崇。特别值得一提的是，毛泽东的“只争朝夕”诗句在“小球推动大球”的大国外交中发挥了意想不到的神奇作用。两国元首在“只争朝夕”精神上产生强烈共鸣，在两国政府共同努力和友好合作之下，打开了中美建交的大门，

大力促进了中美两国关系的改善，改变了整个世界的格局。

20世纪60年代末70年代初，在“乒乓外交”的特定历史背景中，美国总统尼克松顺应中美关系改善的时代潮流，曾经多次主动引用毛泽东的“只争朝夕”诗句，抒发两国友好发展的情怀。历史的经验值得注意，优良的传统理应坚持。在新时代改善中美关系的历史进程中，毛泽东“只争朝夕”精神依然具有重大价值和时代意义。虽然经过时代变迁和形势发展，昔日的国际时局与今日的世界格局大不相同，但是“只争朝夕”的奋斗精神和大国友好合作的优良传统可以历久弥新，开拓创新。历史上，中美两国元首和两国人民“只争朝夕”携手并进，为大力促进中美关系改善奠定了良好基础，打开友好合作之门。在历届党中央领导集体的努力下，中美关系总体上是求同存异向好发展，取得了显著成绩。虽然在一定时期出现时好时坏，磕磕碰碰的情况，但经过双方谈判沟通协调总能找到新的平衡点和生长点。

2012年6月3日，习近平在会见美国艾奥瓦州友好代表团时指出：“当前，中美关系已进入了一个重要关键时期。双方正积极致力于探索如何走出一条相互尊重、和谐共处、合作共赢的新型大国关系之路。这是一项前无古人、后启来者的创举，做起来并不容易。但‘世上无难事，只要肯登攀’，只要双方始终如一地致力于两国友好事业，中美关系明天一定会更好。”[①]新时代以来，习近平两次谈及以“只争朝夕”精神谱写中美合作新篇章的期盼。2015年9月22日，习近平在西雅图出席第三届中美省州长论坛并发表讲话时指出：“中国人常说‘只争朝夕’，西方人则讲究‘行事要趁机会好’，中美地方合作正当其时。希望各位积极推动两国各省州抓住机遇、乘势而上，共同谱写中美地方合作新篇章。”[②]2018年3月9日，习近平应约同美国总统特朗普通电话，两国元首就中美关系交换了看法。习近平指出：“今年以来，我同总统先生保持了密切联系，我们都同意双方团队要以只争朝夕的精神推进两国广泛领域的对话合

① 《习近平会见美国艾奥瓦州友好代表团》，《人民日报》2012年6月4日。

② 《习近平在西雅图出席第三届中美省州长论坛并发表讲话》，载新华网，2015年9月22日。

作，保持中美关系健康稳定发展大局。”①

第五节　永葆中国共产党的政治本色和青春活力

党风廉政建设关系到党的生死存亡。中国共产党在带领人民进行伟大的社会革命的进程中，始终自觉进行伟大的自我革命，以拒腐防变永葆马克思主义政党的政治本色，以党的自我革命促进伟大的社会革命。党的十八大以来，习近平在全面从严治党的实践中，多次引用毛泽东“拒腐蚀，永不沾”的诗句，并从多种角度阐发诗意，强调当下仍然要继承党风廉政建设的优良传统，指出共产党人拒腐防变的重要性和紧迫性。

一、“拒腐蚀，永不沾”是中国共产党党风廉政建设的优良传统

新中国成立后，党中央更加重视执政党的党风廉政建设。1950 年起在全国进行的反贪污、反浪费、反官僚主义运动，充分说明中国共产党执政伊始反腐败的决心。1963 年 3 月 5 日，毛泽东为雷锋题词“向雷锋同志学习”，掀起全国人民学雷锋的高潮。同年 4 月，国防部授予上海警备团三营八连“南京路上好八连”的光荣称号，毛泽东看到好八连先进事迹的报道后，赶在建军节之际写下了《杂言诗·八连颂》。这首著名的杂言诗以朗朗上口的《三字经》风格，高度赞颂全党全军全国人民团结奋斗，克服自然灾害困难的英雄气概和崭新局面。最后，他以“军民团结如一人，试看天下谁能敌?”的七言对句收尾，铿锵有力，回味无穷。其中，“拒腐蚀，永不沾”的诗句，突出地以“霓虹灯下哨兵”的先进事迹为例，反映了人民军队为人民服务，身居闹市、一尘不染，顶住“糖衣炮弹”袭击的政治素质和优良作风。这一重要思想和宝贵经验，至今仍然具有重大现实指导意义。

① 《习近平应约同美国总统特朗普通电话》，《人民日报》2018 年 3 月 10 日。

二、保持“拒腐蚀、永不沾”的政治本色

中国共产党从革命党成为执政党和领导党，面对国际国内新形势新挑战新任务，要经受执政考验、改革开放考验、市场经济考验、外部环境考验，克服精神懈怠的危险、能力不足的危险、脱离群众的危险、消极腐败的危险。党风廉政建设和反腐倡廉，关系着党和国家生死存亡。永远保持“拒腐蚀、永不沾”的政治本色，练就金刚不烂之身，是新形势下全面从严治党的根本要求。

领导干部要向毛泽东、周恩来等老一辈革命家学习，“拒腐蚀、永不沾”，永葆共产党人政治本色，是全面从严治党的战略需要。在新时代，我们党内思想不纯、组织不纯、作风不纯等问题还未得到真正解决，全面从严治党永远在路上，党员干部“拒腐蚀、永不沾”是永无止境的必修课。“拒腐蚀、永不沾”，是自觉遵守党中央“八项规定”精神的具体要求。建设一支素质好、能力强、本领高的庞大干部队伍，要求党的干部必须保持“拒腐蚀、永不沾”的政治本色。每个党员干部要自觉接受监督，敬畏人民、敬畏组织、敬畏法纪，公正用权、依法用权、廉洁用权，决不搞特权，决不以权谋私，做一个堂堂正正的共产党人。

三、百年大党风华正茂

习近平高度评价毛泽东在青年时期就立下拯救民族于危难的远大志向。年轻的毛泽东1919年在《〈湘江评论〉创刊宣言》中写道：“时机到了！世界的大潮卷得更急了！洞庭湖的闸门动了，且开了！浩浩荡荡的新思潮业已奔腾澎湃于湘江两岸了！顺他的生，逆他的死。”年轻的毛泽东，“书生意气，挥斥方遒。指点江山，激扬文字”，既有“问苍茫大地，谁主沉浮”的仰天长问，又有“到中流击水，浪遏飞舟”的浩然壮气。这一连串诗句，都出自毛泽东1925年作的《沁园春·长沙》，这是毛泽东自信人生意气风发的青春之歌，习近平

多次引用或者化用该词，讴歌了“奋斗是青春最亮丽的底色”[①]，体现了中国共产党“立志于中华民族千秋伟业，百年恰是风华正茂”[②]的青春本色。一个政党要永葆青春和生命活力，一般有两个重要路径：一是源源不断地增添新鲜血液，吸引大批优秀青年加入党内，确保党的生机和活力；二是在思想和精神上永远保持创造活力和青春气息。所以，习近平一方面从培养千百万革命事业接班人的高度，热切地期盼广大青年“坚定理想信念，志存高远，脚踏实地，勇做时代的弄潮儿，在实现中国梦的生动实践中放飞青春梦想，在为人民利益的不懈奋斗中书写人生华章”。[③]另一方面，他非常注重吸收大批优秀青年入党和培养大批年轻干部，强调这是“关乎党的命运、国家的命运、民族的命运、人民的福祉，是百年大计”。[④]

（一）致青春

青春是什么？有人说，青春是生命的春天，是理想的火炬，是燃烧的激情；有人说，青春如歌、如诗、如梦、如火。青春之歌究竟如何唱响？怎样才不会虚度人生呢？这是每一个有志青年的青春之问。中国共产党人以诗意语言和生动实践诠释了伟大的青春。毛泽东《沁园春·长沙》是一首颇具代表性的青春诗词。那年，32 岁的毛泽东离开韶山去广州主持农民运动讲习所，途经长沙重游橘子洲，有感而发赋词一首，提出“谁主沉浮”的问题，抒发五四青年对国家命运的感慨以及改造旧中国、建立新社会的豪情壮志。

全词共 114 字：“独立寒秋，湘江北去，橘子洲头。看万山红遍，层林尽染；漫江碧透，百舸争流。鹰击长空，鱼翔浅底，万类霜天竞自由。怅寥廓，问苍茫大地，谁主沉浮？携来百侣曾游，忆往昔峥嵘岁月稠。恰同学少年，风华正茂；书生意气，挥斥方遒。指点江山，激扬文字，粪土当年万户侯。曾记否，到中流击水，浪遏飞舟！”这是一篇充满青春气息、体现五四精神的精品

① 《习近平谈治国理政》第 3 卷，外文出版社 2020 年版，第 335 页。

② 同上书，第 67 页。

③ 同上书，第 55 页。

④ 同上书，第 518 页。

之作，生动体现了中国共产党初创时期的初心使命和青春本色。

2014 年五四青年节当天，习近平走访北京大学。当时北京大学正在举行“青春中国梦，赤忱五四情——北京大学纪念五四运动 95 周年青春诗会”。习近平走到师生中间，同大家一起欣赏了师生充满激情朗诵的毛泽东词作《沁园春·长沙》。他特别关照莘莘学子：大学阶段“恰同学少年，风华正茂”，有老师指点，有同学切磋，有浩瀚的书籍引路，可以心无旁骛求知问学。此时不努力，更待何时？要勤于学习、敏于求知，注重把所学知识内化于心，形成自己的见解，既要专攻博览，又要关心国家、关心人民、关心世界，学会担当社会责任。

习近平在纪念五四运动 100 周年大会上的重要讲话中，引用毛泽东的“自信人生二百年，会当水击三千里”等名句①，寄语当代青年要拥抱新时代、奋进新时代，为实现中华民族伟大复兴的中国梦不懈奋斗。诗言志、歌咏言、词抒怀。习近平引用的警句名联，生动阐发和弘扬了以爱国、进步、民主、科学为主要内容的五四精神，激励青年自信人生、接力奋斗，鼓励青年成长成才、出息出彩，具有穿越时空、融通古今、叩击心灵、催人奋进的效果。

（二）话人生

人生当自信，自信才自觉，自觉能自强。高度自信是毛泽东诗词的显著特征，也是我们党和人民的精神财富和优良传统。1917 年夏，毛泽东在湖南第一师范学校读书时，常与蔡和森等人去湘江游泳并以诗言志。毛泽东晚年在忆及当年写过的《七古·残句》时，还清晰记得其中两句话“自信人生二百年，会当水击三千里”。这是一种自信人生的豪情壮志与博大胸怀。

2016 年 7 月 1 日，习近平引用“自信人生二百年，会当水击三千里”，强调全党同志要坚定中国特色社会主义的道路自信、理论自信、制度自信和文化自信。2019 年，习近平在纪念五四运动 100 周年大会上又一次引用这个对句，意指当代中国青年更需要这种高度自信精神，新时代中国青年要勇于砥砺奋斗。

毛泽东历来喜欢游泳。20 世纪 50 年代中期以后，他 17 次畅游长江，感觉“胜似闲庭信步”，认为“搏击风浪的乐趣，只有到长江里才能享受”。当今世

① 《习近平谈治国理政》第 3 卷，外文出版社 2020 年版，第 335 页。

界面临百年未遇之大变局，我们依然要有这种搏击风浪、无惧惊涛骇浪的高度自信，要有“到中流击水、浪遏飞舟”的胆略和勇毅，要有“弄潮儿向潮头立，手把红旗旗不湿”的智慧和定力①。

改革和建设事业的航程不会一帆风顺。改革开放每前进一步都不是轻而易举的，未来必定会面临这样那样的风险挑战，甚至会遇到难以想象的惊涛骇浪。“中国这艘大船一定要经得起风浪，特别是惊涛骇浪。”广大青少年生在新社会、长在红旗下，很少经过大风大浪的考验和磨炼，在惊涛骇浪中容易晕头转向。为此，我们需要重温“自信人生二百年，会当水击三千里”的诗句，进一步增强抗风险的勇气和定力。在这种高度自信与搏击风浪精神的激励下，我们才能不忘昨天的苦难辉煌、无愧今天的使命担当、不负明天的伟大梦想，才能弘扬只争朝夕的开拓创新精神。

幸福是奋斗出来的，为幸福而奋斗是幸福的；奋斗也是艰辛的、长期的、曲折的，要作奉献、受挫折甚至有牺牲。新时代中国青年要勇做走在时代前列的奋进者、开拓者、奉献者；勇者，总是毫不畏惧面对艰难险阻，在劈波斩浪中开拓前进；智者，总是在攻坚克难中富有创新、创造业绩。

（三）育新人

在新时代，习近平强调，我们党立志于中华民族千秋伟业，必须培养一代又一代拥护中国共产党领导和我国社会主义制度、立志为中国特色社会主义事业奋斗终生的有用人才。一个国家、一个民族不能没有灵魂。文化艺术界、社会科学界都要履行“举旗帜、聚民心、育新人、兴文化、展形象的使命任务”②。我们的国民教育系统要用新时代中国特色社会主义思想铸魂育人，贯彻党的教育方针落实立德树人根本任务。办好思想政治理论课，最根本的是要全面贯彻党的教育方针，解决好培养什么人、怎样培养人、为谁培养人这个根本问题。特别是思政课教师，要给学生心灵埋下真善美的种子，引导学生扣好人

① 习近平：《中国发展新起点　全球增长新蓝图——在二十国集团工商峰会开幕式上的主旨演讲》，《人民日报》2016 年 9 月 4 日。

② 《习近平谈治国理政》第 3 卷，外文出版社 2020 年版，第 322 页。

生第一粒扣子。第一，政治要强；第二，情怀要深；第三，思维要新；第四，视野要广；第五，自律要严；第六，人格要正。①用新时代中国特色社会主义思想铸魂育人，引导学生增强中国特色社会主义道路自信、理论自信、制度自信、文化自信，厚植爱国主义情怀，把爱国情、强国志、报国行自觉融入坚持和发展中国特色社会主义事业、建设社会主义现代化强国、实现中华民族伟大复兴的奋斗之中。

第六节　众志成城、万众一心，办好自己的事情

党的二十大擘画了新征程的宏伟蓝图，指出从现在起，中国共产党的中心任务就是团结带领全国各族人民全面建成社会主义现代化强国、实现第二个百年奋斗目标，以中国式现代化全面推进中华民族伟大复兴。习近平反复强调："领导干部要胸怀两个大局，一个是中华民族伟大复兴的战略全局，一个是世界百年未有之大变局，这是我们谋划工作的基本出发点"。②从这两个大局出发，习近平一方面强调，"当前我国仍处于发展的重要战略机遇期"，不能错失发展的重要机遇和有利条件；另一方面他指出，我国面临的国际形势日趋错综复杂，"我们要清醒认识国际国内各种不利因素的长期性、复杂性，妥善做好应对各种困难局面的准备。最重要的还是做好我们自己的事情"。③在世界面临百年未有之大变局，国际风云变幻，综合国力竞争日益激烈和实现中华民族伟大复兴中国梦的大背景下，习近平多次引用毛泽东《西江月·井冈山》中的"我自岿然不动"和"更加众志成城"的名句，强调"谋定而后动，厚积而薄发，更加主动办好自己的事情"。④

① 《习近平谈治国理政》第3卷，外文出版社2020年版，第330页。

②③④ 同上书，第77页。

一、“众志成城”是习近平近年来引用频次较高的毛泽东词句

“众志成城”，出自毛泽东 1928 年秋创作的《西江月·井冈山》。1927 年大革命失败以后，毛泽东在八七会议上提出了“枪杆子里面出政权”的重要思想，并且在发动秋收起义之后率领工农革命军登上井冈山，创建了井冈山革命根据地。1928 年 4 月 28 日，毛泽东率领的部队与朱德、陈毅领导的湘南起义和南昌起义部分部队在井冈山胜利会师组建了红四军，壮大了井冈山革命根据地的武装力量。在井冈山军民以少胜多、以弱胜强，取得黄洋界保卫战胜利之后，毛泽东当即写下了《西江月·井冈山》雄词一首，以五十字简约词章，形象生动地记录了黄洋界保卫战的战争场面和胜利喜悦。上阕“山下旌旗在望，山头鼓角相闻。敌军围困万千重，我自岿然不动”，描绘了红军严阵以待的高昂士气和临危不惧的雄壮声势，诗情画意极具动感，视听冲击力很强。“山上”与“山下”浑然一体、士气高涨，“旌旗”对“鼓角”遥相呼应、先声夺人，面对敌军重兵压境、层层包围，红军巍然屹立，泰然自若。下阕“早已森严壁垒，更加众志成城。黄洋界上炮声隆，报道敌军宵遁”，重在描写井冈山军民英勇抗敌的战斗经过和以少胜多的胜利成果，凸显了我党领导的军民万众一心、齐心协力，以血肉之躯筑起铜墙铁壁，红军的意志之城和精神防线是克敌制胜的重要法宝。相比之下，敌军闻声丧胆、连夜逃遁则显得狼狈可笑、相形见绌。该词中最传神的两个名句“我自岿然不动”和“更加众志成城”，都被习近平引用过。

二、“众志成城”是实现中华民族伟大复兴的磅礴力量

习近平从新时代的实际出发，多维度引用和化用“更加众志成城”的深刻意境，把众志成城与万众一心组合，与坚韧不屈连用，与凝聚民心并提，从独特的视角深度挖掘了中国精神的深刻内涵和崇高境界，揭示了中国共产党领导人民实现中国梦的精神伟力和意志魅力。

人民是历史的创造者，群众是真正的英雄。习近平依据唯物史观基本原理，明确指出："实现中华民族伟大复兴是十分伟大而又十分艰巨的事业，需要全体中华儿女众志成城、万众一心，把一切力量都凝聚起来，把一切积极因素都调动起来。"①中国共产党人要在坚持中国道路、弘扬中国精神、凝聚中国力量上发挥模范带头作用，形成万众一心、众志成城的磅礴力量，为实现中华民族伟大复兴的中国梦而不懈奋斗。

天下艰难际，时势造英雄。习近平从总结中国革命和抗战胜利的历史经验的高度，一再强调："长征胜利启示我们：人民群众有着无尽的智慧和力量，只有始终相信人民，紧紧依靠人民，充分调动广大人民的积极性、主动性、创造性，才能凝聚起众志成城的磅礴之力。"②只有凝聚人民伟力，才能确保中国革命取得胜利。在抗日战争时期，"面对民族存亡的空前危机，中国人民的爱国热情像火山一样迸发出来。全体中华儿女众志成城、共御外侮，为民族而战，为祖国而战，为尊严而战，汇聚起气势磅礴的力量。中国人民抱定了'我们万众一心，冒着敌人的炮火前进'的决心，抱定了血战到底、抗战到底的信念，谱写了惊天地、泣鬼神的爱国主义篇章"。"在14年反抗日本军国主义侵略特别是8年全面抗战的艰苦岁月中，全体中华儿女万众一心、众志成城，凝聚起抵御外侮、救亡图存的共同意志，谱写了感天动地、气壮山河的壮丽史诗。"③习近平强调，中国人民抗日战争胜利是以爱国主义为核心的民族精神的伟大胜利，是中国共产党发挥中流砥柱作用的伟大胜利，是全民族众志成城奋勇抗战的伟大胜利，是中国人民同反法西斯同盟国以及各国人民并肩战斗的伟大胜利。④

① 习近平：《在知识分子、劳动模范、青年代表座谈会上的讲话》，《人民日报》2016年4月30日。

② 习近平：《在纪念红军长征胜利80周年大会上的讲话》，《人民日报》2016年10月22日。

③ 习近平：《在颁发"中国人民抗日战争胜利70周年"纪念章仪式上的讲话》，《人民日报》2015年9月3日。

④ 习近平：《在纪念中国人民抗日战争暨世界反法西斯战争胜利75周年座谈会上的讲话》，《人民日报》2020年9月4日。

习近平从形势变化和应对挑战的角度着眼，明确："越是处于发展关键期，越需要凝聚人心、众志成城。""每个人的力量是有限的，但只要我们万众一心，众志成城，就没有克服不了的困难。"①全党全国各族人民要团结一心，集思广益用好机遇，众志成城应对挑战，立行立改破解难题，奋发有为进行创新，让国家发展和人民生活一年比一年好。

习近平从弘扬民族精神和增强中华文化软实力的角度，特别推崇浸润于醇厚文化中的爱国主义情怀。"长城凝聚了中华民族自强不息的奋斗精神和众志成城、坚韧不屈的爱国情怀，已经成为中华民族的代表性符号和中华文明的重要象征。要做好长城文化价值发掘和文物遗产传承保护工作，弘扬民族精神，为实现中华民族伟大复兴的中国梦凝聚起磅礴力量。"②我们弘扬社会主义核心价值观，全国各族人民风雨同舟、和衷共济，爱国主义、集体主义、社会主义精神广为弘扬，涌现出大批英雄模范，铸就起团结一心、众志成城的强大精神防线，充分展示了加强社会主义精神文明建设、弘扬社会主义核心价值观的重大意义，充分展示了中华优秀传统文化的强大力量。

由此可见，无论在革命战争年代大敌当前制定制胜战略，还是在和平发展时期化解危机、把握机遇谋求发展，都需要弘扬众志成城的精神优势和强大合力，为实现民族复兴的奋斗目标凝聚强大力量。

三、"众志成城"是共克时艰的强大正能量和有效精神防线

2020年初，面对突如其来的新冠肺炎疫情，中共中央高度重视，坚持把人民生命安全和身体健康放在第一位，统筹全局、沉着应对，果断采取一系列防控和救治举措，取得了抗疫斗争与经济、社会发展两手抓、两手硬、两手赢的阶段性成就。其中一个成功奥秘，就是全党全军全国人民"铸就起团结一心、

① 《习近平谈治国理政》第1卷，外文出版社2014年版，第5页。

② 《坚定信心开拓创新真抓实干　团结一心开创富民兴陇新局面》，《人民日报》2019年8月23日。

众志成城的强大精神防线”，化危为机、转危为安，战胜病毒、克服困难，开创新局面、取得新成就。

（一）众志成城是坚固防线和胜利之本

2020年9月9日，全国抗击新冠肺炎疫情表彰大会在北京隆重举行，习近平发表重要讲话，生动而具体地展现14亿人民“众志成城”的历史画卷：“面对突如其来的严重疫情，中国人民风雨同舟、众志成城，构筑起疫情防控的坚固防线。”①武汉和湖北是疫情防控阻击战的主战场，武汉胜则湖北胜、湖北胜则全国胜。一方有难，八方支援。我们举全国之力实施规模空前的生命大救援，用10多天时间先后建成火神山医院和雷神山医院、大规模改建16座方舱医院、迅速开辟600多个集中隔离点，19个省区市对口帮扶除武汉以外的16个市州，最优秀的人员、最急需的资源、最先进的设备千里驰援，在最短时间内实现了医疗资源和物资供应从紧缺向动态平衡的跨越式提升。各行各业扛起责任，国有企业、公立医院勇挑重担，460多万个基层党组织冲锋陷阵，400多万名社区工作者在全国65万个城乡社区日夜值守，各类民营企业、民办医院、慈善机构、养老院、福利院等积极出力，广大党员、干部带头拼搏，人民解放军指战员、武警部队官兵、公安民警奋勇当先，广大科研人员奋力攻关，数百万快递员冒疫奔忙，180万名环卫工人起早贪黑，新闻工作者深入一线，千千万万志愿者和普通人默默奉献。“武汉必胜、湖北必胜、中国必胜”的强音响彻中华大地。我国用一个多月的时间初步遏制了疫情蔓延势头，用两个月左右的时间将本土每日新增病例控制在个位数以内，用3个月左右的时间取得了武汉保卫战、湖北保卫战的决定性成果。我国成为疫情发生以来第一个恢复增长的主要经济体，在疫情防控和经济恢复上都走在世界前列，显示了中国的强大修复能力和旺盛生机活力！对我们这样一个拥有14亿人口的大国来说，这样的成绩来之不易。这是人类战役史上的历史奇观，这是亿万人民万众一心、众志成城的壮丽史诗。

（二）众志成城是民族品格和英雄气概

只有崇尚英雄，才会产生英雄；只有争做英雄，才能英雄辈出。我们党和

① 习近平：《在全国抗击新冠肺炎疫情表彰大会上的讲话》，《人民日报》2020年9月9日。

国家历来高度重视对英雄模范的表彰，2020 年 8 月 12 日，国家主席习近平签署主席令授予在抗击新冠肺炎疫情斗争中作出杰出贡献的人士国家勋章和国家荣誉称号，并且在全国抗击新冠肺炎疫情表彰大会上发表讲话，褒奖抗疫英雄、弘扬抗疫精神。我们以最高规格褒奖英雄模范，就是要弘扬他们身上展现的忠诚、执着、朴实的鲜明品格。我们授予在抗击新冠肺炎疫情斗争中作出杰出贡献的人士国家最高荣誉，有利于大力宣传抗疫英雄的卓越功绩和光辉形象，强化国家尊崇与民族记忆；有利于强化爱国主义、集体主义教育，弘扬社会主义核心价值观；“有利于充分展示中华儿女众志成城、不畏艰险、愈挫愈勇的民族品格”，为顺利推进中国特色社会主义伟大事业，实现第一个百年奋斗目标凝聚党心军心民心。

在我国，无论何时、无论何地，祖国有难，必有英雄涌现。在这次抗疫斗争的“危急时刻，又见遍地英雄”。①各条战线的抗疫勇士临危不惧、视死如归，困难面前豁得出、关键时刻冲得上，以生命赴使命，用大爱护众生。面对疫情，中国人民没有被吓倒，而是用明知山有虎、偏向虎山行的壮举，书写下可歌可泣、荡气回肠的壮丽篇章！中华民族能够经历无数灾厄仍不断发展壮大，从来都不是因为有救世主，而是因为在大灾大难前有千千万万个普通人挺身而出、慷慨前行！

2024 年夏季，中国军民的抗洪救灾同样展现了众志成城的精神力量。7 月 25 日，习近平主持召开中共中央政治局常务委员会会议，会议指出：在以习近平同志为核心的党中央坚强领导下，各级党委和政府迅速行动、全力应对，国家防总、各有关部门和单位履职尽责、通力协作，解放军和武警部队、国家综合性消防救援队伍和各类专业救援力量闻令而动、冲锋在前，广大干部群众风雨同舟、众志成城，共同构筑起了守护家园的坚固防线。②

（三）众志成城是精神支柱和团结伟力

在这场同严重疫情的殊死较量中，中国人民和中华民族以敢于斗争、敢于

① 习近平：《在全国抗击新冠肺炎疫情表彰大会上的讲话》，《人民日报》2020 年 9 月 9 日。

② 《中共中央政治局常务委员会召开会议　研究部署防汛抗洪救灾工作》，《人民日报》2024 年 7 月 26 日。

胜利的大无畏气概，“铸就了生命至上、举国同心、舍生忘死、尊重科学、命运与共的伟大抗疫精神”。①其中，“举国同心”，集中体现了中国人民众志成城、万众一心、同甘共苦的团结伟力。面对生死考验，面对长时间隔离带来的巨大身心压力，广大人民群众生死较量不畏惧、千难万险不退缩，或向险而行，或默默坚守，以各种方式为疫情防控操心出力。长城内外、大江南北，全国人民心往一处想、劲往一处使，把个人冷暖、集体荣辱、国家安危融为一体，“天使白”“橄榄绿”“守护蓝”“志愿红”迅速集结，“我是党员我先上”“疫情不退我不退”，誓言铿锵，丹心闪耀。14 亿中国人民同呼吸、共命运，肩并肩、心连心，绘就了团结就是力量的时代画卷！

总之，众志成城是一种凝心聚力的政治智慧，是中国共产党依靠中国人民取得革命、建设、改革开放成就的制胜法宝，是我们党一贯倡导的优良传统和重要看家本领。当前世界遭遇百年未有之大变局加速演变的特征更趋明显，全球动荡源和风险点显著增多，不确定、不稳定因素在增长。国际政治经济环境的波动和变化如国际贸易紧张、地缘政治风险等，都对中国经济发展产生影响。尽管中国经济延续了恢复向好的态势，但是仍面临服务业和消费的经济发展引擎作用、工业高质量发展、创新发展动能增强，以及保持进出口总额同比增长等多方面的困难和挑战。这更需要我们众志成城、从容应对，防范和化解各种重大风险和挑战，以确保民族复兴中国梦奋斗目标的胜利实现。

总之，习近平频繁而巧妙地化用、引用毛泽东诗词，从诗化意象和精神意境的交互辉映，生动形象地彰显了中国共产党人的红色基因和精神谱系，有利于鼓舞和激励中国人民不断攻坚克难、从胜利走向胜利。

---

① 习近平：《在全国抗击新冠肺炎疫情表彰大会上的讲话》，《人民日报》2020 年 9 月 9 日。

第七章　推进创造性引用和化用毛泽东诗词的课题研究

党的十八大以来，习近平在国内外发表讲话和论著中，频繁引用毛泽东诗词，已然成为人们普遍关注的新热点，思想理论界不少专家学者纷纷跟进专题研究。特别是中国毛泽东诗词研究会和毛泽东诗词研究者，从多维角度对习近平引用毛泽东诗词的时代背景、基本内容、风格特点、思想要义、目的意义等方面进行深入研究。这一研究为推进新时代毛泽东诗词研究提供了新的生长点和重要契机，有利于从毛泽东诗词的精神意境与艺术审美相结合的角度增强文化自信，强化实现中国梦的精神动力。

第一节　毛泽东诗词研究正在呈现一种别开生面的新气象

党的十八大以来，习近平在党内外、国内外发表讲话、谈话、演说或者文章中频繁引用毛泽东诗词，引起世人广泛兴趣，引发专家倾心研究。不少机构和专家把习近平引用毛泽东诗词作为一个重大课题研究推进，召开了有社会影响力的学术研讨会，冒出了一些年轻有为的新人，老中青专家学者合作交流，切磋探讨，发表了一批有质量的论著。

近年来，毛泽东诗词研究凸显一个新的生长点和出彩点。在主流媒体上时常有专家学者发表研究习近平引用、化用毛泽东诗词的相关文章。例如，汪建新的《感悟毛泽东诗词》《毛泽东诗词与中国力量》、廖有明的《习近平引用毛泽东诗词解读》、辛识平的《天地诗心，习近平的诗词情缘》、班永吉的《毛泽东诗词的民族和时代精神》、韩可胜的《习近平引用古诗词展现诗人情怀重温经典名句》、袁秉达的《毛泽东诗词彰显中国共产党人的革命精神——

以习近平引用毛泽东诗词为例》、张大伟的《从毛泽东诗词看中国共产党人的精神境界》等等。有思想深度、理论高度、学理厚度的论文和著述正在不断问世。

原中共中央文献研究室主任、毛泽东诗词研究会原会长冷溶曾经提出：发展年轻人加入毛泽东诗词研究会，是毛泽东诗词研究继续蓬勃发展的活力和动力所在。他期盼人们主动地利用互联网这种宣传形式做好毛泽东诗词研究。现在，我们已经不难发现在网络论坛上，人们对“习近平引用毛泽东诗词”这一话题的研讨与交流已经相当活跃，热闹非凡。有不少网民和学者时常会在个人博客上推出一些有思考有特色的博文与热议，人民网、强国社区等网站也会不断转载和发表有内涵有质量的相关文章和资料。毛泽东诗词爱好者和网民议论探讨的内容单刀直入，角度令人耳目一新。如，《习总书记讲话为何反复引用毛泽东诗词》《习近平引用毛泽东的诗是要传递啥》《习近平新年茶话会引毛泽东诗句：风景这边独好》《习近平到访北京大学，在草坪听学生诵毛泽东诗歌》《品味习近平总书记“诗情画意”的语言艺术》，等等。在信息社会和网络时代，专业人士的潜心研究与平民百姓的兴趣爱好，可以毫无阻隔地相互呼应、有机融通。人们在线上线下共同探讨交流“习近平引用毛泽东诗词”话题和感悟，本身就是一种十分可喜的学习和分享。

近年来，全国和地方毛泽东诗词研究会纷纷举办学术研讨会，大力推进毛泽东诗词研究向深处、细处、实处走。人们发现“习近平引用毛泽东诗词”，逐渐成为毛泽东诗词研究会成员和毛泽东诗词爱好者普遍关注的新现象，成为一个热门话题和研究课题。特别是 2018 年 5 月由中国毛泽东诗词研究会主办、湖北省毛泽东诗词研究会和中南民族大学承办的“毛泽东诗词与文化自信”学术研讨会暨中国毛泽东诗词研究会第十七届年会，在 60 篇入选论文中，有 4 篇论文是专门研究“习近平引用毛泽东诗词”主题的。例如，董晓彤的《从习近平引用的毛泽东诗词看文化自信》、袁秉达的《习近平妙用毛泽东诗词彰显中国精神》、李光荣的《习近平引用毛泽东诗词阐释中国梦》、邹平元的《跨越时空的领袖情怀——从习近平总书记系列讲话引用毛泽东诗词谈起》。还有十多篇论文或多或少、或深或浅地论证了“习近平引用毛泽东诗词”的相关内容。与会者明显感到这是毛泽东诗词研究会前所未有的新气象。这是一个新的信号，预示着毛泽东诗词研究有了一个新的生长点和出彩点。

纵观全国毛泽东诗词研究领域，已经出现一股研究“习近平引用毛泽东诗词”的热潮。以此为契机，我们可以在前期毛泽东诗词研究的基础上，更上层楼、推陈出新，不断创新和拓展新时代的毛泽东诗词研究事业。不少专家学者另辟蹊径，把习近平引用毛泽东诗词作为一个新的重大课题来研究。他们从诗作者与引用者的心灵沟通、历史与现实的时空融通、诗词的思想性与艺术性的有机贯通等角度，深入研究习近平引用毛泽东诗词的目的意义、深刻寓意、方式方法及社会效果等等，已经取得初步成效。

第二节　创造性引用毛泽东诗词呈现时代精神的多维棱镜

在新时代实现民族复兴中国梦的历史进程中，习近平多次巧妙引用毛泽东诗词，生动形象地展现了毛泽东倡导的中国精神。值得关注的是，毛泽东并不是一个单纯的诗人，他是中国共产党、中国人民解放军和中华人民共和国的主要缔造者和领导人，是伟大的无产阶级革命家、战略家、思想家、军事家，又是杰出的诗人和书法家。习近平既不是纯艺术欣赏地吟诵毛泽东诗词，也不是点缀式地引用毛泽东诗句，而是穿越时空妙用毛泽东诗词，深刻揭示富有时代气息的中国精神。专家认为，“环视中国大地，能把毛泽东诗词的警句或警联运用得最多最好的就数习近平”。①从学界对习近平引用毛泽东诗词的时代内涵与风格特点分析，大体有妙用论、化用论、艺术性引用等多种表达意见。

① 汪建新：《听习近平学妙用毛泽东诗词》，载人民网·中国共产党新闻网，2019 年 5 月 6 日。

一、深入研究习近平引用毛泽东诗词的精神意象

（一）妙用毛泽东诗言诗语评价毛泽东伟大人生

毛泽东诗词的创作始终伴随其革命一生，体现绚丽多彩充满诗意的伟大人生和精神品格。习近平指出，毛泽东在青年时期就立下拯救民族于危难的远大志向。年轻的毛泽东“书生意气，挥斥方遒；指点江山，激扬文字”，既有“问苍茫大地，谁主沉浮”的仰天长问，又有“到中流击水，浪遏飞舟”的浩然壮气。十月革命后，毛泽东经过反复比较和鉴别，毅然选择了马克思列宁主义，选择了为实现共产主义而奋斗的崇高理想。在毛泽东此后的革命生涯中，不管是“倒海翻江卷巨澜”，还是“雄关漫道真如铁”①，他始终矢志不移、执着追求。1921年中国共产党成立以后，我们党带领人民经过28年浴血奋战和顽强奋斗，夺取了新民主主义革命胜利，“为有牺牲多壮志，敢教日月换新天”，实现了几代中国人梦寐以求的民族独立和人民解放。现在，我们在毛泽东等老一辈革命家前期探索的基础上，“装点此关山，今朝更好看”，已经走出中国特色社会主义光明大道。我们正继续前行努力实现民族复兴的奋斗目标，既要有“乱云飞渡仍从容”的战略定力，又要有“不到长城非好汉”的进取精神。②习近平集群式妙用毛泽东诗词油然而生的冲击力、震撼力和感染力，使人们在充满诗意的语境中领略了毛泽东伟大一生的精神品格和人格魅力。凭借毛泽东精神的激励，我们定当勿忘昨天的苦难辉煌，无愧今天的使命担当，不负明天的伟大梦想。③

（二）到革命老区受红色教育论井冈山精神

毛泽东诗词是传承党的红色基因的最佳载体，是毛泽东留给全党全军全国

① 注：习近平引用“雄关漫道真如铁”，意在衬托毛泽东面对困境和挑战穷且益坚、百折不挠的意志品格。

② 习近平：《在纪念毛泽东同志诞辰120周年座谈会上的讲话》，《人民日报》2013年12月27日。

③ 袁秉达：《习近平妙用毛泽东诗词彰显中国精神》，载中国毛泽东诗词研究会第十七届年会（2018年）论文集《毛泽东诗词与文化自信》。

人民的宝贵精神财富。毛泽东在井冈山和中央革命根据地时期，一共创作了《西江月·秋收起义》《西江月·井冈山》《清平乐·蒋桂战争》《采桑子·重阳》《如梦令·元旦》《减字木兰花·广昌路上》《蝶恋花·从汀州向长沙》《渔家傲·反第一次大"围剿"》《渔家傲·反第二次大"围剿"》《菩萨蛮·大柏地》《清平乐·会昌》11首诗词。它们谱写出了革命战争的壮美画卷，塑造出了红军将士的英雄形象，描绘出了重大的历史事件，赞美了"武装割据"的新天，抒发了诗人的"马背"情怀，是以诗证史的井冈山精神颂歌。①

习近平经常引用和化用毛泽东的井冈山诗句："我自岿然不动""更加众志成城""可上九天揽月，可下五洋捉鳖""世上无难事，只要肯攀登"，以此激励人们在新时代继续弘扬井冈山精神。习近平不但重视讲，而且身体力行，近年来他多次到革命老区接受红色基因教育。2006年3月，习近平率浙江省党政代表团来到中国革命摇篮井冈山，实地学习和感受井冈山精神，并指出"井冈山精神"就是："坚定信念、艰苦奋斗，实事求是、敢闯新路，依靠群众、勇于胜利。"2016年2月2日，习近平在瞻仰井冈山革命烈士陵园时指出："多来这里看看很有必要，要让广大党员干部知道现在的幸福生活来之不易，多接受红色基因教育。"②党的十八大以来，习近平多次引用毛泽东诗词的目的，就是"要把理想信念的火种、红色传统的基因一代代传下去，革命事业薪火相传、血脉永续"③。

（三）吟诵毛泽东长征诗的雄词警句开启新的历史征程

毛泽东在红军长征途中所创作的诗词，为中华民族留下了在挑战人类生存极限，艰苦卓绝的战争环境中所产生的宝贵精神财富。从1934年夏至1936年，毛泽东用不同词牌，在"马背上"吟出了《会昌》《十六字令三首》《娄山关》《昆仑》《六盘山》《雪》等词作和《七律·长征》。这些诗词作品，深刻揭

① 何联华：《试论毛泽东诗词的文化价值》、张德有：《关于毛泽东诗词两个层面的探析》、徐同林：《巍巍井冈 铮铮诗篇——读井冈山诗词》，载中国毛泽东诗词研究会第十七届年会（2018年）论文集《毛泽东诗词与文化自信》。

② 《习近平三年十一次接受红色基因教育》，《学习中国》2016年2月4日。

③ 《让红色基因代代相传》，《人民日报》2016年11月19日。

示了“长征精神”。[①]“天欲堕，赖以拄其间”“雄关漫道真如铁，而今迈步从头越”“万水千山只等闲”“不到长城非好汉”“数风流人物，还看今朝”这些雄词警句，是艺术化的长征精神的写照。大，可以是革命斗争和建设中坚定信念的雄壮口号；小，可以是个人在工作生活中遇到挫折和困难时坚定信心的冲锋号角。而且，自长征胜利以来，它们对人们的影响经久不衰。这些富含哲理的、鼓舞人心的至理名言，一旦诵读，就会铭刻于心，并将世世代代传承下去。2016 年 7 月，习近平到宁夏视察时强调，宁夏要大力弘扬“不到长城非好汉”的精神，走好新的长征路。习近平引用“不到长城非好汉”并赋予其新的内容和含义，用来点化成实现中华民族伟大复兴的精神动力，准确、形象、逼真，不愧为点睛之笔。[②]在新的时代，我们要继续把革命前辈开创的伟大事业推向前进，“在实现中华民族伟大复兴中国梦新的长征路上续写新的篇章、创造新的辉煌!”[③]

二、援引毛泽东诗词丰富拓展独特的革命精神谱系

毛泽东说，人是要有一点精神的。他曾经把中国共产党革命精神的伟力称之为“精神原子弹”。习近平说：“不忘初心，牢记使命，就不要忘记我们是共产党人，我们是革命者，不要丧失了革命精神。”[④]中国共产党是一个有着丰富优良传统作风和伟大革命精神的先进政党。中国共产党的初心，就是毛泽东、邓小平反复强调的“我们要保持过去革命战争时期的那么一股劲，那么一股革命热情，那么一种拼命精神”。习近平引用毛泽东诗词，总是穿越时空、力透纸背，揭示毛泽东诗词背后的精气神。

中国共产党在近百年的艰苦奋斗历程中，形成了独特的革命精神谱系，建

---

① 张德有：《关于毛泽东诗词两个层面的探析》，载中国毛泽东诗词研究会第十七届年会（2018 年）论文集《毛泽东诗词与文化自信》。

② 李光荣：《习近平引用毛泽东诗词阐释中国梦》，载中国毛泽东诗词研究会第十七届年会（2018 年）论文集《毛泽东诗词与文化自信》。

③ 《习近平谈治国理政》第 2 卷，外文出版社 2017 年版，第 57 页。

④ 《习近平谈治国理政》第 3 卷，外文出版社 2020 年版，第 70 页。

构了丰碑高耸的一个个精神坐标，成为强大的精神支撑和宝贵的精神财富。其中包括建党精神；在革命战争年代的井冈山精神、苏区精神、长征精神、遵义会议精神、延安精神、抗战精神、红岩精神、西柏坡精神、照金精神、东北抗联精神、南泥湾精神、太行精神（吕梁精神）、大别山精神、沂蒙精神、老区精神、张思德精神；在和平建设时期的抗美援朝精神、"两弹一星"精神、雷锋精神、焦裕禄精神、大庆精神（铁人精神）、红旗渠精神、北大荒精神、塞罕坝精神、"两路"精神、老西藏精神（孔繁森精神）、西迁精神、王杰精神；在改革开放时期的改革开放精神、特区精神、抗洪精神、抗击"非典"精神、抗震救灾精神、载人航天精神、劳模精神（劳动精神、工匠精神）、青藏铁路精神、女排精神。进入新时代，又增添了脱贫攻坚精神、抗疫精神、"三牛"精神、科学家精神、企业家精神、探月精神、新时代北斗精神、丝路精神等等。习近平善于以毛泽东诗词为线索，以革命精神谱系为载体，生动展示中国共产党理论联系实际、密切联系群众、批评和自我批评等优良作风。

三、援引毛泽东诗词增强最深层的文化自信

中国毛泽东诗词研究会会长陈晋强调，文化自信是习近平新时代中国特色社会主义思想突出的理论内涵、理论品格和文化品格。研究毛泽东诗词，必须深入研究挖掘文化自信的内涵。他认为，从文化背景角度看，毛泽东诗词创作继承和发展了近代以来中华民族寻找和奠基文化自信的主流传统，开创了中国共产党文化自信的优良传统；从历史进程角度看，毛泽东诗词是中华民族在追求民族独立、人民幸福、国家富强伟大目标过程中言志表意的文学经典，是中华民族树立文化自信、彻底扭转精神被动局面的诗化表达；从文学创作角度看，毛泽东诗词是马克思主义中国化在文艺创作领域的范本，是充分融合了中华优秀传统文化、革命文化和社会主义先进文化整体性自信的生动呈现；从新时代文化建设角度看，毛泽东诗词是建设中国特色社会主义文化强国的精神源泉，在坚定理想信念、以人民为中心、中华美学精神等方面，为今天的文化建

设提供了深刻启示。①

（一）审美视角引用毛泽东诗词展现文化自信

从审美风格上看，绝妙的诗作与精妙地引用都具有艺术美感的享受。习近平引用的毛泽东诗词“既体现了中国古典诗词浪漫主义与现实主义相结合的特质，又在豪放词风中融入婉约风格”。在浪漫主义与现实主义结合方面，习近平所引的毛泽东诗词中既有“倒海翻江卷巨澜”的恣意想象，又有“人间正道是沧桑”的真实感受；既有“敢教日月换新天”的豪情壮志，又有“唤起工农千百万”的目标追求；既有“我欲因之梦寥廓，芙蓉国里尽朝晖”的梦中巡游，又有“乱云飞渡仍从容”的现实定力。毛泽东将诗人的浪漫想象融入现实世界的真实感受之中，是李白浪漫诗风的发扬，更是杜甫诗史风格的传承。②在豪放词风与婉约词风融合方面，习近平引用的毛泽东诗词既有“指点江山，激扬文字”的少年意气，又有“洞庭波涌连天雪，长岛人歌动地诗”的动人景语；既有“自信人生二百年，会当水击三千里”的壮志豪情，又有“装点此关山，今朝更好看”的美丽向往。尽管毛泽东诗词以豪放为主，但其诗词中却也时常会有婉约风格的诗句出现，实现了二者的很好交融。③在习近平引用的毛泽东诗词中，我们可以看出毛泽东诗词蕴含着中华优秀传统文化、革命文化和社会主义先进文化，折射出深厚的爱国情怀、执着的理想信念、坚定的乐观主义精神，有利于我们增强中国特色社会主义文化自信。

（二）从领袖情怀的高度揭示“四个自信”的力量来源

习近平指出：“文化自信，是更基础、更广泛、更深厚的自信，是更基本、更深沉、更持久的力量。”④习近平引用毛泽东诗词揭示了一代伟人跨越时空的自信情怀。诗人毛泽东为我们树立了很好的榜样，值得我们好好学习。

---

① 《“毛泽东诗词与文化自信”学术研讨会暨中国毛泽东诗词研究会第十七届年会在湖北武汉召开》，载人民网，2018 年 5 月 28 日。

②③ 董晓彤：《从习近平引用的毛泽东诗词看文化自信》，载中国毛泽东诗词研究会第十七届年会（2018 年）论文集《毛泽东诗词与文化自信》。

④ 习近平：《决胜全面建成小康社会　夺取新时代中国特色社会主义伟大胜利——在中国共产党第十九次全国代表大会上的报告》，《人民日报》2017 年 10 月 18 日。

自信是中华民族精气神的集中体现。作为中华民族的优秀分子，在毛泽东身上始终洋溢着中华民族自信、自尊、自强不息的精神。毛泽东一生追求真理，探索革命道路，在艰苦卓绝的革命斗争中，无论眼前的困难有多大，挑战有多严峻，他始终充满了必胜的信念。从“枪杆子里面出政权”到“星星之火，可以燎原”，毛泽东有着坚定的道路自信。毛泽东一生经历挫折无数，但他从不悲观、从不气馁。无论斗争多残酷、委屈多深重，他总是精神焕发、斗志昂扬。从“装点此关山，今朝更好看”到“踏遍青山人未老，风景这边独好”，毛泽东有着乐观的人生自信。“自信人生二百年，会当水击三千里。”毛泽东的这句诗，被习近平多次引用，它是毛泽东自信人生的真实写照，也是今天中国共产党人自信的历史源泉。在庆祝中国共产党成立 95 周年大会上，习近平指出：“当今世界，要说哪个政党、哪个国家、哪个民族能够自信的话，那中国共产党、中华人民共和国、中华民族是最有理由自信的。有了‘自信人生二百年，会当水击三千里’的勇气，我们就能毫无畏惧面对一切困难和挑战，就能坚定不移开辟新天地、创造新奇迹。”①“四个自信”成为实现中华民族伟大复兴中国梦的强大精神动力，充分展现出新时代中国特色社会主义的历史成就、雄浑力量和辉煌前景。②

习近平多次引用毛泽东诗词名句，可以使我们提升思想境界，磨砺品质意志，陶冶精神情操，从而给我们以奋发向上的力量。因为，毛泽东诗词是毛泽东思想的诗化表达和艺术结晶。毛泽东博大精深的思想，精辟的理论、崇高的理想、深邃的人生哲理等等，都在他创作的诗词中得到了生动的艺术表现。毛泽东诗词是中国革命和建设的伟大史诗。它谱写了中国革命和建设的历史进程，勾画了各个历史时期的重大历史事件，咏唱了英雄时代的英雄业绩，跳动着时代的脉搏，闪耀着历史的光辉，唤起了我们的民族自豪感和爱国热情。毛

---

① 习近平：《在庆祝中国共产党成立 95 周年大会上的讲话》，《人民日报》2016 年 7 月 2 日。

② 邹平元：《跨越时空的领袖情怀——从习近平总书记系列讲话引用毛泽东诗词谈起》，载中国毛泽东诗词研究会第十七届年会（2018 年）论文集《毛泽东诗词与文化自信》。

泽东诗词是激励民族精神和时代奋斗精神的一面伟大旗帜，正如贺敬之先生所说的，是“新中国的民族魂”。①

（三）将毛泽东诗词作为弘扬社会主义核心价值观的生动教材

培育和践行社会主义核心价值观，是推进中国特色社会主义伟大事业，实现中华民族伟大复兴中国梦的战略任务和兴国之魂。培育和践行社会主义核心价值观，要从小抓起，从学校抓起。推动社会主义核心价值观进教材、进课堂、进学生头脑。②

习近平早就指出：“在社会主义核心价值观中，最深层、最根本、最永恒的是爱国主义。”毛泽东诗词正是弘扬爱国主义精神的最好典范。比如《沁园春·长沙》和《沁园春·雪》是两首早在新中国成立之前就创作完成并长期享有盛誉的长调词。两词同一词牌，似乎在前呼后应，一问一答，前者表现出毛泽东在发动武装斗争前寻求救国之道的心情和期望，后者则表达在已成红军统帅之后找到救国之道而慷慨激昂雄视百代的气势和胸襟。它们都是以爱国为中心，涉及富强、民主，自由、法治，敬业、友善，而扩展到国家层面、社会层面、个人层面的多样化价值要求，所以能够成为社会主义核心价值观教育的极好教材。实践证明，将毛泽东诗词作为弘扬社会主义核心价值观的生动教材，路子对头，深入人心，影响很大，效果极好。③

我们要把广大人民群众喜看乐读的毛泽东诗词，作为爱国主义教育的基本教材，用毛泽东诗词作为儿童启蒙教育的读物、中小学生进行革命传统教育的课本、大专学生研读传统文化和中国近现代史的重要取向，用毛泽东诗词讲好革命故事，使全党全社会形成读毛泽东诗词的新风尚。使毛泽东诗词释放出来的红色基因，变成中华民族的整体信仰，凝聚为攻即克、战即胜的

---

① 赵锦荣：《民族精神脊梁　时代奋斗号角——毛泽东诗词与中华民族精神和时代奋斗精神》，载中国毛泽东诗词研究会第十七届年会（2018 年）论文集《毛泽东诗词与文化自信》。

② 中共中央办公厅印发：《关于培育和践行社会主义核心价值观的意见》，2013 年 12 月 23 日。

③ 李德身：《毛泽东诗词是核心价值观教育的极好教材》，载中国毛泽东诗词研究会第十七届年会（2018 年）论文集《毛泽东诗词与文化自信》。

神功伟力。①

毛泽东诗词中蕴含着许多与理想信念相关的诗句，习近平对此加以运用，展现出的正是文化自信对于坚定理想信念的重要作用。文化是民族生存和发展的重要力量。为什么中华民族能够在几千年的历史长河中生生不息、顽强发展？习近平明确回答："很重要的一个原因就是中华民族有一脉相承的精神追求、精神特质、精神脉络。"②毛泽东诗词中蕴含着丰富的精神财富，习近平通过引用这些诗句，彰显着文化自信在实现中国梦的历史进程中发挥的强大精神作用。

（四）在中学语文教育中增强毛泽东诗词教学分量

站在实现中华民族伟大复兴的新时代起点上，审视中学语文教学中如何更好地融入伟人诗词特别是融入毛泽东诗词，从而进一步培养和提升青少年文化自信，这既是一个重要的教育课题，也是一个具有重大现实意义的理论问题。③

经统计，我国现行的从初一到高三 6 个年级的学段，11 个版本的语文教材，把必修本和选修本都加起来，总计 97 本书，共收入毛泽东诗词中最优秀、最有代表性的 11 首，有《贺新郎・别友》《沁园春・长沙》《采桑子・重阳》《十六字令・三首》《忆秦娥・娄山关》《七律・长征》《清平乐・六盘山》《沁园春・雪》《七律・人民解放军占领南京》《浪淘沙・北戴河》《卜算子・咏梅》。这些诗词时间跨度近 40 年，勾画了各个历史时期的重大历史事件：建党初期，土地革命战争及建立农村革命根据地，突破敌人"围剿"进行二万五千里长征，北上抗日挽救民族危亡，赢得解放战争建立新中国，遇到经济困难后的国民经济调整等重要历史时期；包含了毛泽东诗词创作的两个高峰时段，一次是长征前后，一次是 20 世纪 60 年代，这也是党的两次危险和艰难时期，从而比较完整地向学生介绍了毛泽东诗词的创作历程。可以说，毛泽东博大精深

① 张德有：《关于毛泽东诗词两个层面的探析》，载中国毛泽东诗词研究会第十七届年会（2018 年）论文集《毛泽东诗词与文化自信》。

② 《人民日报》2015 年 10 月 15 日。

③ 白沁文：《领袖诗词与青少年文化自信——对中学语文教育中如何增强毛泽东诗词教学的思考》，载中国毛泽东诗词研究会第十七届年会（2018 年）论文集《毛泽东诗词与文化自信》。

的思想中，精辟的革命理论、崇高的社会理想、深邃的人生哲理等等，在这11首诗词中都体现出来了，有一定的代表性。但是，对毛泽东诗词意境的深度和广度反映，还是稍显不充分、不完整。据问卷调查，师生们普遍认为，目前语文教材中所收毛泽东诗词的比例“显然太低”；在教材的使用过程中，大家共同感受是“篇目太少”，阅读后“不解渴”。为此建议：第一，将语文和历史两个学科融合起来，通过开设“长征专题阅读”，在革命历史的宏观背景下，指导学生学习毛泽东诗词，认识毛泽东的英雄历史观；第二，将毛泽东诗词与同类文本进行比较阅读，感受领袖的昂扬豪迈、乐观自信的革命气概；第三，通过撰写文学短评，感受毛泽东诗词的壮美诗风和宏大气魄；第四，通过丰富多彩的语文活动，了解毛泽东诗词丰富的美学内涵和美学思想，认识毛泽东独特的美学个性，感受伟人的性格魅力。①

习近平引用毛泽东诗词的一大特点是教育和激励年青一代志存高远，做有理想有本领有担当的社会主义新人。毛泽东诗词反映其一生与中华民族的崛起紧密相连，展现了在革命背景下的“数风流人物，还看今朝”的气势恢宏、豪情之势。引领学生在借助毛泽东诗词所开展的课堂教育中，能够让学生跨越时空的界限，通过诗词走近伟人、走近红色革命文化，对学生从内心真正地认可、接纳，从而内化红色革命文化、实现德育目标、感受道德与法治学科的学科特色是十分必要的。时至今日，以毛泽东诗词为重要组成部分的中华优秀传统文化基因依然深深地流淌在每一个中华儿女的血液中。焕发一代伟人毛泽东的诗词在当今时代的育人价值，树立和培育学生的文化自信，有利于让中学生带着对中华文化的归属感与自豪感。通过不断地学习进步，展现那份风华正茂的激昂。②

总之，在习近平的一系列重要讲话中，引用、化用、妙用毛泽东诗词已经

① 白沁文：《领袖诗词与青少年文化自信——对中学语文教育中如何增强毛泽东诗词教学的思考》，载中国毛泽东诗词研究会第十七届年会（2018年）论文集《毛泽东诗词与文化自信》。

② 宋玮瞳：《毛泽东诗词与增强中学生文化自信——以初中〈道德与法治〉学科工作为视角》，载中国毛泽东诗词研究会第十七届年会（2018年）论文集《毛泽东诗词与文化自信》。

做到了信手拈来、妥帖自然、不温不火、恰到好处的境界，给全党全军全国人民以极大的鼓舞，我们必须充分珍惜和用好这一宝贵精神财富。

第三节 在新的历史条件下继续推进毛泽东诗词专题研究

从习近平引用毛泽东诗词入手研究毛泽东诗词的时代特征、精神意象和当代价值，是我国新时代毛泽东诗词研究新的着力点和出彩点。习近平引用毛泽东诗词的基本点，是站在时代高度、顺应社会需求、满足人民意愿，体现治国理政的责任担当，弘扬民族复兴的中国精神，引领我们共圆中国梦。我们可从五个维度来深入研究习近平引用、化用、妙用毛泽东诗词的精神意象。

一、志：志向、志气、意志

人贵有志、人各有志。意志，是实现人生高尚追求和体现人生价值的内在素养；志向、志气、志趣，是人的气质、品格、风范和魅力的重要体现。志不立，天下无可成之事。“诗言志”，是人们对诗学的深刻感悟和高度概括。习近平引用毛泽东诗词首先重在以诗言志、借词明志、诵诗励志。其核心要义是：第一，志向高远，要有远大理想和奋斗目标；第二，要有为人民谋幸福、为民族谋复兴、为国家谋富强、为世界谋大同的雄心壮志；第三，共圆中国梦，要加强对领导干部“关键少数”和广大年轻人的励志教育。

在毛泽东诗词中，涉及志向、志气、意志的内容非常丰富。其中包括：1910 年秋 17 岁时写下的著名诗篇《七绝・呈父亲》：“孩儿立志出乡关，学不成名誓不还。埋骨何须桑梓地，人生无处不青山”。毛泽东的言志诗句有：“取其志更坚”“凡我同志兮，携手同行”“自明本志好文章”“更加众志成城”“还我河山，卫我国权；此物此志，永矢勿谖”“世无难事，有志竟成”“中华儿女多奇志”，还有讴歌好八连“意志坚”等等。毛泽东重上井冈山也缘于“久有凌云志”，习近平最喜欢引用的“为有牺牲多壮志，敢教日月换新天”等名句都出自立志、明志、言志、励志的诗篇。在毛泽东诗词中，言志和励志精神意象充满正能量，给人们留下深刻印象和人生鼓舞，为实现民族复兴中国梦提供了强大的精神动力。

毛泽东的言志诗词与习近平的励志话语，具有内在联系和精神意合。例如，习近平强调“功崇惟志，业广惟勤”，实现中国共产党人的初心和使命要“坚定不移、矢志不渝”；军队要“斗志不衰退”，“始终保持坚定的革命意志和旺盛的战斗精神”“保持旺盛革命热情和高昂战斗意志”；科技创新要有“超越前人的雄心壮志”“牢固树立敢为天下先的志向和信心”，“要有逢山开路、遇河架桥的意志”“秉持航空报国的志向”“不畏艰险、勇于探索的意志品质”；全国广大青少年“要志存高远”“矢志艰苦奋斗”，要有“报效祖国的远大志向”“自强不息的意志品格”“抓思想意志磨炼”“把爱国之情、报国之志融入祖国改革发展的伟大事业之中”等；干事业要“坚定百折不挠的进取意志”，“万众一心、众志成城”；“脱贫致富贵在立志”，“要把扶贫同扶志结合起来”，等等。志向、志气与意志，既是维系人的灵魂与气质的根本问题，也是综合国力竞争的核心要素和精神动力。我们研究“习近平引用毛泽东诗词”的精神意象，首先从“诗言志”的关键点切入，有利于在共圆中国梦的精神层面获得重大突破，并且以此不断深挖下去、生发开来。

二、梦：追梦、解梦、圆梦

“中国人民是具有伟大梦想精神的人民。在几千年历史长河中，中国人民始终心怀梦想、不懈追求。”① 毛泽东诗词继承了中国诗词文化推崇民族精神的优良传统，充分体现了当代中国人民的伟大梦想与精神追求。在毛泽东诗词

① 参见《习近平在第十三届全国人民代表大会第一次会议上的讲话》单行本，人民出版社2018年版。

中，直接提及“梦”的诗句有：“别梦依稀咒逝川，故园三十二年前”“我欲因之梦寥廓，芙蓉国里尽朝晖”等。至于蕴含美好梦想与追求、充满期盼和憧憬的追梦诗句就更多了。1906 年毛泽东 13 岁时写的《五言诗·赞井》：“天井四四方，周围是高墙。清清见卵石，小鱼囿中央。只喝井里水，永远养不长。”表明少年毛泽东已志向远大，具有走出小天地、打破小格局，向往新天地、期盼大格局，欲在广阔天地中闯荡成长的梦想与追求。1925 年春中国共产党建党初期，毛泽东写的《沁园春·长沙》发出“怅寥廓，问苍茫大地，谁主沉浮”的惊世之问，其实质是敢问中国大地由哪个阶级做主、谁来决定中国命运，反映了青年毛泽东忧国忧民的忧患意识和共产党人的政治抱负。1935 年遵义会议实现了我党历史上伟大转折的重要关头，毛泽东写的《念奴娇·昆仑》借山言志：“安得倚天抽宝剑，把汝裁为三截？一截遗欧，一截赠美，一截还东国。太平世界，环球同此凉热。”这反映了中年毛泽东谋求人类解放，实现世界大同的博大胸怀和精神追求。新中国成立前后，毛泽东诗词中的“人间正道是沧桑”“一唱雄鸡天下白”“一声鸡唱，万怪烟消云落”“天翻地覆慨而慷”“换了人间”等名句，则是“将革命进行到底”、夺取革命胜利的必然归宿和欢庆新中国成立的胜利喜悦。1956 年 6 月，毛泽东《水调歌头·游泳》中的“一桥飞架南北，天堑变通途”“高峡出平湖”等诗句，则更多凸显了晚年毛泽东对社会主义现代化建设的梦想与追求。总起来看，毛泽东诗词是一代伟人终其一生都在为实现中华民族复兴的理想和梦想而奋斗的生动写照，是诗化人生的精彩呈现。

毛泽东是诗中有梦，习近平是借诗喻梦。在追梦的进程中，习近平善于用毛泽东诗词激励人们共圆中国梦。2012 年 11 月 29 日，习近平在参观《复兴之路》大型展览时，以“雄关漫道真如铁”“人间正道是沧桑”概括中华民族实现中国梦的难忘昨天和辉煌今天，并以李白的诗句“长风破浪会有时”展望明天，这种贯通古今的气势和穿越时空的诗情画意给人带来心灵震撼和精神意象。中华民族是一个热爱追梦的民族，我们都是追梦人，个人梦、家庭梦都连着民族梦、幸福梦、强国梦。在中国共产党建立一百周年时，我们已经全面建成小康社会；到 2049 年新中国建立一百周年，我们要建成富强、民主、文明、和谐、美丽的社会主义现代化强国。诗词与梦想、言志与行动、词作者与吟诵者，在民族复兴的光荣与梦想中高度融合、催人奋进。2021 年 7 月 1 日，习近平在庆祝中国共产党成立 100 周年大会上的讲话指出："中国共产党立志于中华民族千秋伟业，百年恰是风华正茂!"一百年来，我们党团结带领人民接续奋斗，创造了伟大历史，建立了伟大功业，铸就了伟大精神，形成了宝贵经验。胸怀千秋伟业，恰是百年风华。

在习近平引用毛泽东诗词的精神意象中，我们感受到中国梦是人民梦、民族梦、国家梦，是强国梦、富民梦、幸福梦。国家好、民族好，大家才会好。同时"中国梦是和平、发展、合作、共赢的梦，我们追求的是中国人民的福祉，也是各国人民共同的福祉"。①习近平引用、化用、妙用毛泽东诗词，激励我们为实现中国梦而不懈奋斗，生动展现了"三为三谋"的思想境界："为人民谋幸福、为民族谋复兴、为世界谋大同。""三为三谋"不仅是点化毛泽东诗词意境的金手指，而且是领悟习近平新时代中国特色社会主义思想的金钥匙。

三、民：爱民、为民、利民

毛泽东历来强调，人民只有人民，才是创造世界历史的真正动力。在他的心目中，群众是真正的英雄，人民是国家的主人，他曾经多次面对广大群众振臂高呼"人民万岁"。在毛泽东诗词中，体现了人民至上的理念，坚定了人民中心的立场，充满了心系人民的情怀。他坚守"全心全意为人民服务"的宗旨，坚持"人民当家作主"的政治主张，他依靠人民伟力实现民族解放、国家独立和人民幸福。在毛泽东诗词中，中国共产党领导的工农阶级和中国人民是创造历史的主人，在毛泽东的革命史诗中我党领导的"工农""人民"始终是唱主角、主沉浮的主体力量。例如，"军叫工农革命，旗号镰刀斧头""红军宗旨，民权革命""革命成功，尽在民众""收拾金瓯一片，分田分地真忙""十万工农下吉安""百万工农齐踊跃""唤起工农千百万""横扫千军如卷席""数风流人物，还看今朝""为人民、几十年""军民团结如一人，试看天下谁能

① 《中央外事工作会议在京举行》，《人民日报》2014 年 11 月 30 日。

敌”等。在中华诗词史上，杜甫、白居易等著名诗人在其诗词中虽然也有不少为平民百姓鼓与呼的著名诗句和不朽诗篇，但是他们的诗词大都是以同情弱者和批判不公居多，不可能视人民为历史主体和社会主人。而在毛泽东诗词中，人们看到的是频繁而显要地突出工农阶级、人民群众的主体地位，并与革命、解放和社会变革紧密地连在一起，甚至唤起“百万”“千百万”“亿万”“同心干”、闹革命，推翻“三座大山”，建立新中国。在热火朝天的社会主义建设时期，毛泽东依然讴歌人民建设幸福美好生活的创造精神和伟大力量：“春风杨柳万千条，六亿神州尽舜尧”“为有牺牲多壮志，敢教日月换新天”“喜看稻菽千重浪，遍地英雄下夕烟”等。在新社会，毛泽东诗词体现了人民创造历史的唯物史观，表征了人民建设美好新生活的价值追求，前所未有地凸显了诗词的民主性、建设性和创造性。这是体现毛泽东诗词人民本色和革命底色的最有价值的部分，也是中国共产党建立以来一以贯之坚守的初心和使命。

习近平强调，“以人民为中心”是我们的根本政治立场。人民群众是我们党的力量之源，民心是最大的政治。“人民对美好生活的向往，就是我们的奋斗目标。”习近平在党的二十大报告中170余次提到“人民”一词，足见“人民”地位的崇高和神圣。在新时代，习近平总是善于引用化用毛泽东诗词来激励人民创造幸福美好生活。例如，2015年11月27日，习近平在中央扶贫开发工作会议上强调：“脱贫攻坚已经到了啃硬骨头、攻坚拔寨的冲刺阶段，必须以更大的决心、更明确的思路、更精准的举措、超常规的力度，众志成城实现脱贫攻坚目标，决不能落下一个贫困地区、一个贫困群众。”习近平多次引用和化用“敢教日月换新天”的名句，提倡进入新时代开辟新天地。他期望广大青年“要勇于创业、敢闯敢干，努力在改革开放中闯新路、创新业，不断开辟事业发展新天地”。[①]他认为，有了毛泽东那样“自信人生二百年，会当水击三千里”的高度自信，弘扬改革开放、开拓创新精神，“我们就能毫无畏惧面对一切困难和挑战，就能坚定不移开辟新天地、创造新奇迹”。[②]

① 习近平：《在同各界优秀青年代表座谈时的讲话》，《人民日报》2013年5月5日。

② 习近平：《在庆祝中国共产党成立95周年大会上的讲话》，《人民日报》2016年7月2日。

习近平特别推崇领导干部弘扬焦裕禄“敢教日月换新天”“革命者要在困难面前逞英雄”的奋斗精神造福于民。习近平写的《念奴娇·追思焦裕禄》一词中“百姓谁不爱好官”“为官一任，造福一方，遂了平生意”等词句，反映了我党执政为民、造福于民的优良传统。由此可见，习近平引用毛泽东诗词的出发点和落脚点是坚守为中国人民谋幸福、为中华民族谋复兴的初心使命和责任担当。我们的改革开放和现代化发展，最终目的要使人民有获得感、幸福感和安全感，这就是我们深入研究“习近平引用毛泽东诗词”精神意象的根本出发点、立足点和着力点。

四、干：敢干、苦干、同心干

毛泽东诗词坚持马克思主义哲学“实践第一”的观点，并且彰显毛泽东《实践论》《矛盾论》等经典名著的哲学底蕴，诗词美学与实践哲学高度统一，形成了别具一格富有特色的哲理诗。在他的诗词中，处处体现了尊重和讴歌人民群众的主体实践、积极推进中国革命和现代化建设的伟大实践的鲜活内容。

毛泽东诗词洋溢着敢干、苦干、巧干和同心干的精气神，具有激励人民奋发进取、积极有为的励志意义，我们既要敢于打破旧世界，又要善于建设新世界。例如，1917 年毛泽东 24 岁时作的《四言诗·奋斗》：“与天奋斗，其乐无穷！与地奋斗，其乐无穷！与人奋斗，其乐无穷！”最能体现毛泽东奋斗姿态和实干精神。还有不少耳熟能详、脍炙人口的经典名句：“唤起工农千百万，同心干”“枯木朽株齐努力”“雄关漫道真如铁，而今迈步从头越”“天连五岭银锄落，地动三河铁臂摇”“多少事，从来急；天地转，光阴迫。一万年太久，只争朝夕”“全军民，要自立。不怕压，不怕迫。不怕刀，不怕戟。不怕鬼，不怕魅。不怕帝，不怕贼”“年年后浪推前浪，江草江花处处鲜”等等。这些都是充满干劲、闯劲、韧劲的激情诗篇，特能鼓舞全党全军全国人民建设幸福美好的新生活。

梦想不会自动成真，幸福不会从天而降。习近平引用毛泽东诗词，时常延伸到改革开放和新时代的敢干、实干、加油干。他强调，社会主义是干出来的、中国特色社会主义新时代是干出来的、人民的幸福美好生活是奋斗出来的。习近平经常引用富有实干精神的毛泽东诗句，2019 年 9 月 23 日，他在参观“伟大历程　辉煌成就——庆祝中华人民共和国成立 70 周年大型成就展”时指出：而今迈步从头越。要展示好、宣传好新中国波澜壮阔的发展历程、感天动地的辉煌成就、弥足珍贵的经验启示，激励全党全国各族人民更加紧密地团结在党中央周围奋勇前进。他更频繁化用毛泽东诗词中的“众志成城”“只争朝夕”名句，以此激励全国人民凝聚实现中国梦的伟大力量，不断开创新时代中国特色社会主义事业新局面。在实现中国梦的历史进程中，我们既要有奋勇向前、坚忍不拔的勇毅，又要有吃苦耐劳、埋头苦干的精神，还要善于动脑筋想办法，富有智慧地巧干，团结广大人民群众同心干，才能夺取一个又一个新胜利。

五、信：信念、信仰、自信

在中国共产党进行艰苦卓绝的革命斗争时代，毛泽东始终强调“人贵有精神”，共产党人要有坚定的理想信念。革命理想高于天是毛泽东诗词的精神内核。在毛泽东诗词中，体现了崇高的革命理想、马克思主义信仰和中国人民革命必胜的信念。1920 年毛泽东认真学习了《共产党宣言》等三本马克思主义著作之后，从民主主义者成长为坚定的马克思主义者。他曾形象化比喻说：“主义譬如一面旗子，旗子立起了，大家才有所指望，才知所趋赴。”毛泽东本身就是中国革命的旗手，在毛泽东诗词中，“红旗”成为一个重要的精神标识，“红旗”诗句折射出毛泽东诗词固有的精神意象和文化特征，寄寓理想信念和精神力量。

毛泽东坚信：中国革命的最终前途“是社会主义和共产主义”①，“只有社会主义能够救中国”②。高举科学社会主义大旗，搞社会主义是近代中国的唯一

① 《毛泽东选集》第 2 卷，人民出版社 1991 年版，第 650 页。

② 《毛泽东文集》第 7 卷，人民出版社 1999 年版，第 214 页。

出路。在毛泽东的革命诗词中，“旗号”“旌旗”“战旗”等旗帜专用语出现了多次。例如，“山下旌旗在望，山头鼓角相闻”“红旗跃过汀江，直下龙岩上杭”“山下，山下，风展红旗如画”“风卷红旗过大关”“不周山下红旗乱”“红旗漫卷西风”“壁上红旗飘落照”“妙香山上战旗妍”“红旗卷起农奴戟”等。毛泽东有关红旗的诗句形象生动、意象丰富，气势宏伟、气度非凡，豪壮雄浑、沁人心脾，它浸透着毛泽东的崇高理想和人生境界。在毛泽东诗词中，红旗虽然是作为一个文学意象情有独钟地频繁呈现，但更多是作为一种精神意象的表征，有其特殊的文化内涵和审美价值。红旗，不仅是指革命队伍的旗号、山顶迎风招展的旌旗、沙场冲锋陷阵的战旗，而且是指革命者心中不灭的一团火种、是划破漫漫长夜的一盏明灯、是砥砺奋进夺取胜利的一种信念。红旗的红色基因和革命意象，可以是喻示中国革命的风向标、开辟中国革命道路的指示牌，可以是人民军队正义之师光辉形象与革命品格的标志，也可以是马克思主义作为党的指导思想和行动指南的形象比喻和理论符号。毛泽东诗词中的“红旗”，象征着革命、充满着理想、竖起了形象、指引了方向、鼓舞了斗志、蕴含着信念。

习近平在新时代继承了我党高举马克思主义旗帜的优良传统，沿用了毛泽东红旗诗句的革命风格和精神意象。他把新时代“举什么旗”作为坚持和发展中国特色社会主义首要的根本问题来研究，并且一以贯之高举伟大旗帜、推进伟大事业。高举中国特色社会主义伟大旗帜、高举改革开放伟大旗帜、高举各民族大团结旗帜，强调改革成为中国共产党的鲜明旗帜和当代中国的时代特征。高举和平、发展、合作、共赢的旗帜，高举合作、创新、法治、共赢的旗帜，高举建设开放型世界经济的时代旗帜。要求旗帜鲜明讲政治、旗帜鲜明坚持党的领导、旗帜鲜明抓落实；人民军队要高举党的旗帜，在党的旗帜下前进；党员干部要以党旗为旗帜。总之，旗帜就是方向、旗帜就是形象，在我们的旗帜上有坚定理想信念、有高度自信精神。这是“习近平引用毛泽东诗词”的高深境界，我们要凸显习近平引用毛泽东诗词的时代意蕴和精气神。

总之，大道至简，实干为要。我们要把毛泽东诗词与习近平新时代中国特色社会主义思想融会贯通，在志、梦、民、干、信“五字诀”的整体性研究和实践上下功夫。首先，从毛泽东对中华诗词深切感悟的“诗言志”入手，叙其志、明其志、继其志，志存高远，不忘初心、方得始终。其次，有志向必有梦想，有梦想必有追求。深入探究毛泽东的个人梦、青春梦、家国梦、民族梦、人民梦、大同世界梦的内在联系和高度统一，在毛泽东诗词关于民族复兴光荣与梦想的精神激励下，齐心协力共圆中国梦。第三，为人民谋幸福、为民族谋复兴是中国共产党的初心和使命，毛泽东诗词立足人民、造福于民、服务人民。进入新时代，我们要在亲民、爱民、为民、利民、惠民的追求中，创造人民的幸福美好生活。第四，社会主义是干出来的，人民幸福是靠奋斗出来的。无论闹革命、搞建设，还是改革开放，都要提倡敢干、苦干、实干精神，全党全军全国人民同心干、加油干，干出一番新天地。第五，建设社会主义现代化强国是长期的、复杂的、艰难的历史过程。道路是曲折的，前途是光明的。我们必须高举旗帜、坚定信念、坚持四个自信，唯有这样，才能把“习近平引用毛泽东诗词”的精神意象转化为实现第二个百年奋斗目标的精神动力和实践成果。

后　记

时光荏苒，飞逝如电。呈现在读者面前的这本《毛泽东诗词和中国共产党精神品格》经历了近十年的积淀。

2015 年，中共上海松江区委党校选派骨干教师张大伟以《从毛泽东诗词看中国共产党人精神境界》为题，参加上海党校系统第六届精品课比赛，特聘中共上海市委党校袁秉达教授作为“名师工作室”的导师全程指导打磨精品课。经过近一年的反复打磨，该课程如愿获得精品课奖。

袁秉达一边指导张大伟参加精品课比赛，一边在《解放日报》和核心刊物发表十多篇研究毛泽东诗词的文章、参加全国毛泽东诗词研讨会进行专题学术交流，并与上海广播电视台首席主持人王海波、华东师范大学贾利军教授一起开设了毛泽东诗词系列党课。与此同时，张大伟凭借汉语言文学、古典文学和古典诗词研究方面积累的基础，以毛泽东诗词精品课获奖为契机开拓了科研的新领域。

基于以上共同的情趣爱好，两位作者于 2017 年以“毛泽东诗词和中国共产党人精神品格”为题申报上海市哲学社会科学“纪念中国共产党成立 100 周年”系列课题并获得立项。此后，他们相互切磋、共同奋斗，对毛泽东诗词研究作了扎实的学术研究。二人在《毛泽东邓小平理论研究》《南京政治学院学报》等核心刊物（C 刊）发表专题学术论文共 9 篇，取得了丰硕的学术成果。2021 年，该课题通过结项，评为良好等级。

值得一提的是，基层党校老师往往把更多的时间和精力用于各种培训和宣讲活动，在科研上很难聚焦并形成定力。张大伟以参与本课题为契机，逐渐找到了治学门径，并在科研上取得长足进步，在取得博士学位的同时，获评副高职称和“区拔尖人才”，后被聘为中国毛泽东诗词学会理事，先后在《学习时报》上发表老一辈革命家诗词赏析文章 11 篇。

本书框架由袁秉达总体构思，二人分头撰写书稿。其中序言、绪论、第六章、第七章由袁秉达撰写，第一章至第五章由张大伟撰写。袁秉达对全书作了统稿和文字修改，张大伟对全书作了校对。近期，二人对书稿内容又作了进一步的修订和完善。今天，本书由上海人民出版社公开出版，实为幸事。

由于水平能力和掌握资料所限，本书存在不足在所难免，作者真诚地希冀各位专家学者多提宝贵建议，以期在今后的研究中进一步深入和完善。

感谢中共上海市委党校科研处同志的大力支持，感谢中共上海松江区委党校原校长章高林和陈超同志的鼎力相助。

2025 年 5 月

图书在版编目(CIP)数据

毛泽东诗词与中国共产党人的精神品格 / 袁秉达，张大伟著. -- 上海 : 上海人民出版社，2025. -- (庆祝中国共产党成立 100 年专题研究丛书). -- ISBN 978-7-208-19486-1

Ⅰ. A841.4

中国国家版本馆 CIP 数据核字第 2025AP0008 号

责任编辑 郭敬文
封面设计 零创意文化

庆祝中国共产党成立 100 年专题研究丛书
毛泽东诗词与中国共产党人的精神品格
袁秉达 张大伟 著

出　版 上海人民出版社
(201101 上海市闵行区号景路 159 弄 C 座)
发　行 上海人民出版社发行中心
印　刷 商务印书馆上海印刷有限公司
开　本 787×1092 1/16
印　张 11.25
插　页 3
字　数 165,000
版　次 2025 年 6 月第 1 版
印　次 2025 年 6 月第 1 次印刷
ISBN 978-7-208-19486-1/A·170
定　价 58.00 元